世界のお弁当とソトごはん

岡根谷実里

三才ブックス

はじめに

弁当には、複雑な思いがある。

私が最後に弁当箱を使ったのは、高校時代だ。あの頃は毎日弁当生活だった。母が詰めてくれた弁当を持って登校し、昼休みになると仲良しの友達と机を突き合わせ、弁当箱を取り出す。蓋を開ける瞬間が楽しみだった、と思う。よく覚えていないけれど。

たいていおかずは3～4品で、肉系、野菜系、卵など。母は毎朝台所に立ち、作りたてのおかずを詰めてくれていたが、そのありがたみなんて当時はわからなかった。おかずが気に入らないと残し、手をかけて作ってくれた肉巻きに手をつけず市販の冷凍エビグラタンがいいと言い張り、ずいぶん母を困らせたなと思う。受験期になると、母はエビグラタンを連発するようになった。弁当箱を介して、幾多の無言の会話が交わされた。

実家を出ると、さっぱり弁当からは遠ざかった。大学時代は学食とコンビニに頼り、社会人になってからも自分で弁当を作ることはなかった。私の中での弁当のスタンダードは、主婦歴数十年の母の弁当に設定されており、さらにインスタグラムを通して見る画像の数々に、弁当イメージは大インフレ。あんなの自分には到底作れない。それに自分で詰めたら、何が入っているのだろうと蓋を開ける楽しみなど皆無である。加えて大学にも職場にも、さほど高くない昼食の調達手段が数多あったので、弁当を作るモチベーションはゼロに落ちた。弁当は、食べるものからスクリーン上で眺めるものになり、実家の棚にしまわれた弁当箱はいつの間にか処分され、弁当には関わらない人生になったと思っていた。

だから、「世界の弁当の本を書きませんか?」と本書編集者の今田さんに連絡いただいた時は、頭を抱えた。弁当の話題か。気が重いだけではない。世界各地の家庭を訪れて日常の料理を共にさせてもらう台所探検を続けてきて、家族のメンバーが仕事や学校に出かけるのを何百回と見送ってきたが、母の弁当のような手の込んだものに出会うことはまったくと言っていいほどなかったのだ。書ける気がしない。

しかし、個人的な記憶や前提を一旦脇に置き、弁当を「家の外で食べるために携帯する食事」ととらえ直して世界各地の家庭を訪れたり思い出してみると、これも弁当か、あれも弁当だと、次々浮かび上がってきた。そしてその多くが、自分のイメージしていた手の込んだ弁当の枠をやすやすと飛び越えたものだったのだ。森でナイフ一本で食べる巨大な魚入りパン。草原で家畜の世話の合間にポケットから出して食べる白くて四角い塊。マイナス30度の雪山でも凍らない干し肉。それぞれの環境の中で、力強く生活を支える食べ物たちに夢中になってしまった。弁当って、どうも多様だぞ。コンプレックスで縮こめられていた弁当の世界を広げてみたくて、原稿を書き始めることにした。

弁当のおかずのヒントを探して本書を手に取ってくださったとしたら、ほとんど参考にならないであろうことを謝っておきたい。ただ、お弁当を作るというミッションを前に途方に暮れたり、私と同じように弁当コンプレックスを抱えている方には、弁当の見方が広がり気が紛れるくらいの希望は得ていただけるのではないかと思う。

また、各国の弁当事情を通して見えてくる各地の生活に興味があるという方には、自信を持っておすすめしたい。一日二食だから弁当は要らないとか、凍ってしまうから持っていけないとか、冷めた食事は食べないとか、私が弁当の前提条件としてあたりまえに思っていたことを覆すような話にも数多く出会い、弁当に映された人と社会の有様に興味を惹かれるようになった。弁当を取り巻く社会背景についても、弁当箱の蓋ができないくらいめいっぱい盛り込んだつもりだ。

そういうわけで、本書の関心は弁当箱に何を入れるかだけでなく、弁当の生まれる社会環境へと広がっていった。メニュー自体が興味深いものは1章「メニューに注目」に含んだ。どうやって弁当を作り、持っていって食べるのかというスタイルがユニークなものは2章「スタイルに注目」で紹介することとした。さらに、そもそも持参せずに出先で料理すればいいじゃないという状況も存在することに直面し、3章として「ソトごはん」を加えることとした。

一つ一つの弁当と、弁当を携える人々の生活を、お楽しみください。

本書で訪れる国々

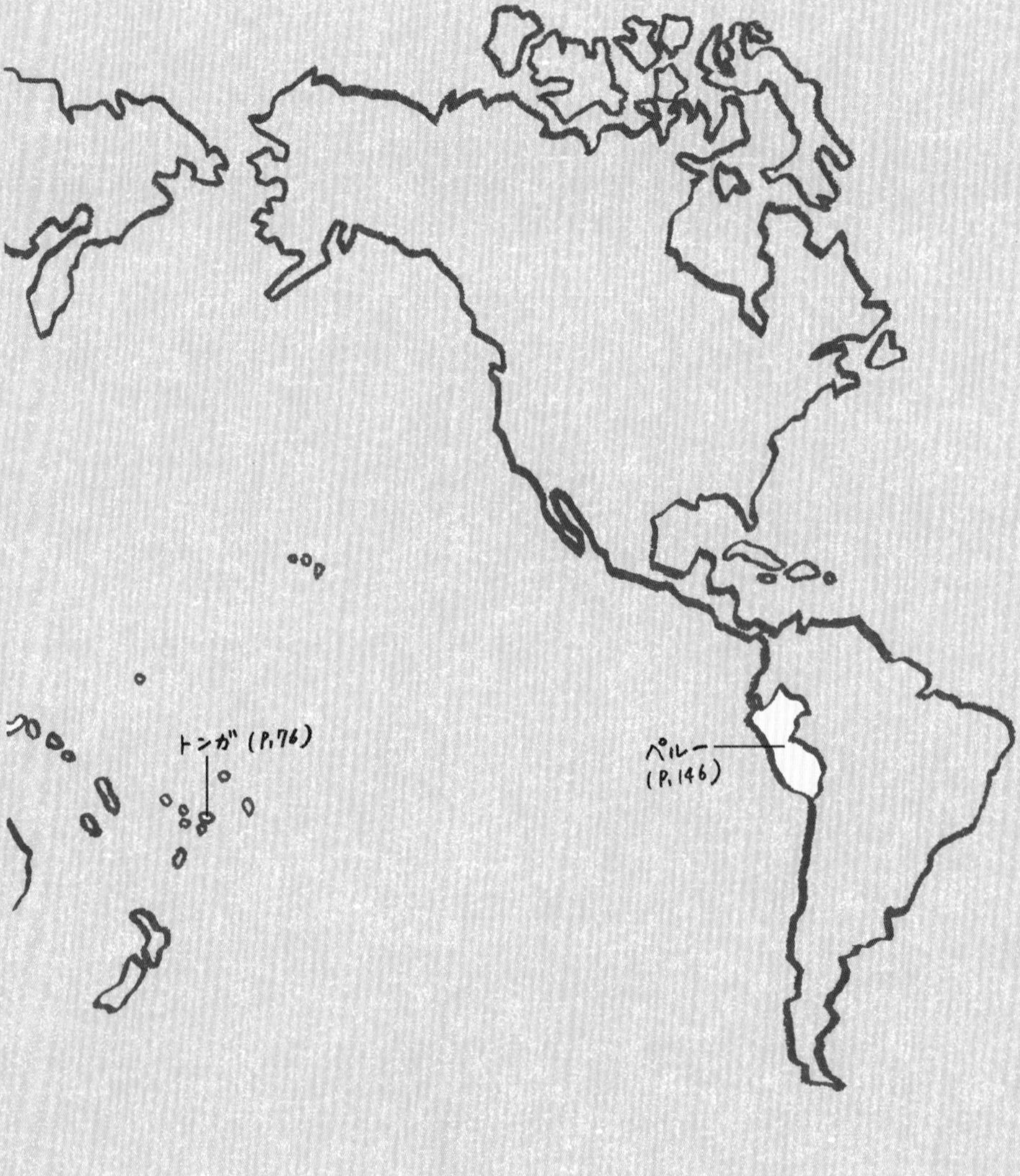

フィンランド（P.12，138，190）
ノルウェー（P.52）
オランダ（P.28）
ポーランド（P.130，192）
韓国（P.118，188）
ウズベキスタン（P.162）
ブータン（P.20，184）
モンゴル（P.44）
ヨルダン（P.100，154）
台湾（P.108）
インド（P.84，170，186）
インドネシア（P.68）
パプアニューギニア（P.36）
ボツワナ（P.92）

目次

第1章
メニューに注目 世界のお弁当

第2章
スタイルに注目 世界のお弁当

日本で作る世界のお弁当レシピ

第3章

お弁当持たずにソトごはん

column

特集

スタッフ
デザイン 宮脇菜緒（文京図案室）
DTP 濱井信作（コンポーズ）
スタイリング 松野季沙（レシピ）
撮影 氏家岳寛（レシピ、著者近影）

第1章

メニューに注目
世界のお弁当

「森と湖の国」で包む1キロ超えのライ麦弁当

カラクッコ

フィンランド

真冬の北欧へ

初めてフィンランドを訪れたのは、初夏のこと。すべてが最高だった。日は長いし空は青くて美しく、森歩きは気持ちよくて、森で摘むベリーはフレッシュな風味がこの上ない。サウナに入り湖で泳げば完璧だ。

しかしあまのじゃくな私は「現実がこんなに最高なはずがない、それに食の知恵は厳しい時期にこそあるはず」と考え、真冬に再訪することにしてしまった。寒いのが大嫌いなのに。

12月のフィンランドは、寒くて暗かった。しかし彼らに倣って重ね着すれば案外平気。雪に

冬の森は寒いけれど美しく、毎日散歩に出かけた

覆われてしんとした森を歩くのもまた美しく、凍った湖は歩いて渡ることができる。北欧の自然は夏も冬も美しいなあと思うのだった。「悪い天気はないよ、間違った服装があるだけ」という言葉は私の心に深く刻まれた。

弁当がない？

「弁当ねぇ……食べ物を持参するっていうカルチャーがないかなあ」

ここでもか。

日本に生まれ育った私は、仕事やお出かけの時に、弁当やおにぎりのような食べ物を持参する習慣が、どこの国にでもあるものと思っていた。ところが世

界を訪れていると、「ないねえ」と言われることが少なくない。その理由を尋ねると、温かいものを食べたいとか、出先で調達できるとか、家に帰って食べるとか。

フィンランドもそんな国の一つだった。頼りにしたのは、首都ヘルシンキから電車で4時間、フィンランド東部のサヴォ地方に住む一家。夏に来た時もいろいろ教えてくれたが、弁当の話は、尋ねるなり困った頭をされた。

「あ、でもこの地域で昔よく作られていたカラクッコっていう携行食があるよ。私の友だちが名人だから、聞いてみよう」

早速電話をしてくれたところ、なんと「明後日作るよ」という返事。こんな運のいいことがあるか！　そわそわした40時間ほどを過ごし、名人のもとに伺った。

カラクッコは魚を丸呑みした雄鶏？

「カラは魚、クッコは雄鶏っていう意味。なんでこういう名前なのかわからないけれど、魚をお腹いっぱい食べた雄鶏みたいだからかな？」

夜6時、雪あかりの中をカラクッコ名人のトゥーラさんのお宅に伺うと、はじけるような笑顔に迎えられ、玄関に入った瞬間から止まることのないおしゃべりが始まった。後ろでは、高校生の娘さんがちょっと困った顔をして笑っている。

案内されてキッチンに行くと、カウンターの上にはすでに材料が用意されていた。トレーに山盛りの魚、厚切りの豚バラ肉、バター、ライ麦粉など。カラクッコは、小さな魚がぎゅうぎゅうに詰まったライ麦パンのようなものだという。魔女の宅急便のニシンのパイを思い出した。あんな感じなのかな。

忙しくおしゃべりをしながらも、トゥーラは手際よくすいすいと料理を進めていく。

ボウルにぬるま湯とバターと塩を入れ、ライ麦粉と小麦粉を投入し、こねて生地を作る。それをカウンターに出して丸くのばし、その真ん中にししゃもサイズの魚をのせて並べていく。近くの湖で釣った魚だ。5尾ほど隙間なく並べて、その上にもう一段。さらにもう一段。時々塩を振りながら、魚の山が出来

魚は、フィンランドの魚とも呼ばれるムイック（モトコクチマス）かアハベン（パーチ）が定番。いずれも湖の魚で、この日使うアハベンは夏に釣って冷凍しておいたもの

豚バラ肉でたっぷり包み込む。湖の魚はパサつきがちなところ、脂身が足されることでしっとり仕上がるのだと言う

上がっていく。

「大きい魚を並べて、小さい魚で間を埋めるんだよ」と言う。まるで魚のパズルだ。ぴったり詰まった魚の小山ができたら、豚バラ肉をのせて覆う。

　魚がすっかり隠れたら、トゥーラはまわりの生地を持ち上げるようにして全体を包み始めた。ライ麦はほとんどグルテンを生成せず、小麦生地のようにのびないので簡単に割れてしまう。割れないように、慎重に。そうして出来上がった大きな塊を石のオーブンに入れたら、ひと息だ。

熱した石窯にカラクッコを投入。この石窯は暖房も兼ねていて、家じゅうを温める

娘さんが焼いてくれたムスティッカクッコ（ブルーベリーパイ）は、中にはベリーがぎっしり。クッコかぶりに一同笑った。言語学者によるとクッコ（kukko）はケーキと同じ語源で、「焼いたもの」という意味だそう

カラクッコを持って出かける先は

娘さんが焼いておいてくれたブルーベリーパイを食べながら、しばしコーヒータイム。トゥーラはカラクッコについていろいろ教えてくれた。

「カラクッコは、男たちが森に行く時に持っていく〝弁当箱〟だったんだよ。外側のライ麦生地はそれ自体が容器になるし、余ったライ麦生地で取手をつけて焼けばそのまま持ち運べる。あとはナイフだけ持っていけば、どこでも食べられるでしょ」

　確かに。なんてうまくできているんだ。しかも中の魚は密閉されたまま長時間加熱されているから、「缶詰のように殺菌処理されていて、ナイフを入れない限り数日持つ」という。数日間常温保存できる弁当！　だから、土曜日にまとめて焼いて、日曜日に教会に行く時に持って行ったり、翌週の森仕事に携行したりしたのだという。

　森仕事というのは聞き慣れないが、フィンランドは「森と湖の国」と呼ばれるくらい森林が豊富だ。国土の約8割が森林に覆われ、その半分以上が個人所有であることが特徴。フィンランド天然資源研究所によると、約5人に1人が森林所有者だそうだ（2023年）。

　夏になると、森を持つ人も持たない人もこぞってベリー摘みやきのこ採りのため森に向かう。

自然享受権というものがあり、自然に敬意を払い責任を果たす限り、誰の土地であっても自由に入って摘んでよいと法律で認められているのだ。そんなわけで森はとても身近な存在で、フィンランド人の生活の欠かせない一部となっている。

しかし、森が与えてくれるのは食料だけではない。トゥーラは親から受け継いだ森林を資産として所有している。森を愛しベリー摘みを楽しむだけでなく、チェーンソーを持って木を切るのも生活の一部だ。

「森が育つのに数十年。放っておくと死んだ森になってしまうけれど、ちゃんと手入れをしていれば、若木が木材に育って、売ればお金になる。森は利子がつく銀行のようなものだよ」

森の手入れは資産管理なのだ。

今は女性の森林所有者も増えたが、かつてはもっぱら男性の仕事だった。体を使う仕事には、大きくてずっしりしたカラクッコが重宝したことだろう。

湖の旅路にも

森と湖の国の「湖」も、カラクッコと関わりが強い。フィンランド全土には約18万個もの湖がある。これは世界有数の多さで、国土面積の小ささを考えると、相当密集していることになる。中でもここサヴォ地域は特に湖が多くて、湖に囲まれているというよりも、まるで湖の中の島に生活しているような気分になるくらい。近くの大きな街から家に行くのに車ごとフェリーに乗って運ばれるのだ。かつ

あふれそうなライ麦生地をこねるトゥーラ。彼女はカラクッコの名人であると同時に、ベリー摘みの達人で、趣味はチェーンソー。会社員をしながらも森と湖に近い生活を保っていることがうらやましくてならない

ては日曜日に教会に行くのにボートを漕いでいたというのも、驚く話ではない。

「日曜日に教会に行く時にはカラクッコを持って行った。ボートを交代で漕いで教会に向かいながら、カラクッコをみんなで食べたんだよ」

カラクッコは、ここサヴォ地方の郷土食とされる。まさに森と湖の豊富なこの土地らしい食ではないか。

そんなおしゃべりをしていたら、あっという間に1時間たった。カラクッコを窯から取り出すと、高温で焼かれて表面がパリッとしている。トゥーラは、全体にまんべんなくバターを塗る。300度近い窯から出したてだから絶対熱いはずなのだけれど、平気な顔をしている。

焼き固めた表面にバターを塗る。塊のバターを押し付けると、熱でみるみる溶けて生地に吸い込まれていく

「私はもう何度もやっていて、鉄の手のひらを持っているからね」と笑いながら。バターを塗ったライ麦生地は、化粧水を塗った肌のようにしっとりした。

そうしてアルミホイルに包んで、少し温度の下がった窯に再び投入する。

「このままゆっくり朝まで放っておくの。低温調理で魚の骨までやわらかくなるから、友人たちは『トゥーラのカラクッコは骨まで食べられる』って言うんだよ」

そんなことを聞いたら、よだれが出てきてしまう。明日の朝が待ち遠しい。明朝6時半に来る約束をして、帰宅した。

出来たてカラクッコを携えて

翌朝。約束の時間に行くと、トゥーラは紙袋を渡してくれた。中をのぞくと、新聞紙で包まれた大きな塊がある。ほかほか温かい。そしてずっしり重い。1キロはあるんじゃないだろうか。ああ早く食べたい！

実はこの後、私は次にお世話になる家庭に向かうために2時間半の電車旅だった。はからずも、お弁当のように持ち運ぶことになり、次の家庭に到着したら昼近く。家に着くなり、「一緒に食べよう！」と新聞紙の包みを取り出した。

包みから出てきたカラクッコはまだほんのり温かい。あまりに重いので秤に乗せてみたら、1・3キロ。いったい何人のお腹を満たせるだろう。

父さんが寄ってきた。

「カラクッコはサヴォの隣にある僕の地域でも食べていたけれど、結婚して引っ越してきてから食べていないな。もう10年ぶりくらいなんじゃないかな！」と興奮した様子。そうして包みを開くと、貫禄のある塊が姿を現した。茶色くてややグレーで、岩のようでもある。しかし長時間焼いているのに岩のようにガチガチでないのは、バターのおかげか。トゥーラに教わった通り、てっぺんをナイフで丸くくり抜く。森や教会に行く男たちは、皿やカトラリーを持たずナイフ一本だったから、くり抜くのが伝統的な食べ方なのだという。

しっとりと焼けた豚肉が顔を出した。さらにナイフを深く刺して豚肉の層を突き抜け、中に包まれた魚をすくい出す。いいにおい！

魚はふっくらやわらかく、骨までほろっと崩れるほど。そのうえ豚肉の脂を吸ってしっとりうまい。あんなに長時間焼いても焦げたりパサパサになっていないなんて、やっぱり密閉されて「缶詰のように」調理されていたようだ。

くり抜いて穴を広げながら、中身とともにライ麦生地の部分も食べる。食べ慣れたパンのようにふわふわではなく、ぎゅっと詰まってずっしりしている。これもトゥーラの指示通り、細く切り分けてバターを塗って食べる。ぼそっとしたライ麦パンを予想していたら、とんでもない。内側から豚の脂、外側から

ライ麦生地の中には、魚と豚肉がぎっしり包まれている

バターを吸って、パウンドケーキかというくらいしっとり。風味豊かで深みのある味わいになっていた。

「ああ、この味だ」

ため息をつく父さん。初めて食べた10歳の息子は、気に入ったのか「もっと！」とおかわりを求める。夢中で食べ続けた。それでも大きなカラクッコはまだ半分以上ある。ライ麦生地はどっしりしているし、肉と魚が入ってタンパク質も十分。これ一個で多くの胃袋を養える、よくできた携行食だ。

福祉国家フィンランド 現代の弁当事情

しかしこのカラクッコ、今はお弁当のようにして携行する人はほぼいない。「道路ができて、教会へは車で行けるようになったしね」とトゥーラは少しさみしそうに言っていた。

学校に行く子どもたちは、給食がある。フィンランドは、世界で最初に完全無償の学校給食を始めた国として知られており、栄養バランスの考えられた温かい給食は、共働き率が8割超えの社会で大いに助かっているという。

大学生や会社で働く大人には、食堂がある。街中にある食堂にサヴォの家族が連れて行ってくれたのだが、学食や社食を想像していたらびっくり。セルフサービス方式で、メインを選ぶとおかずのサラダバーやパンにデザートまで取り放題、ジュースや牛乳といった飲み物もついてくるのだ。これで学生ならば3ユーロ、一般は10〜12ユーロ。外食の高いフィンランドにおいてはかなり安い。野菜がたっぷり摂れて、温かくて、味も良いのだから、これなら毎日通いたい。

フィンランドは、男女平等が進んだ福祉国家とされ、フィンランド統計局によると2023年には女性の労働参加率が男性のそれを上回ったともいう。学校給食や食堂が整備されていることは、子を持つ人が昼食の支度の心配なく仕事に専念できるのに大いに役立っているだろう。

女性が家に留まり毎週末石窯でカラクッコを焼いていたのは、昔の話。弁当文化があまりないことこそが、現代フィンランドらしさなのかもしれない。

見つからない竹籠弁当箱と唐辛子煮

エマダツィ

ブータン

閉ざされたヒマラヤの小国

弁当を探すのに苦労する国もあるのだが、ブータンはその点、天国だった。昼どきの市場に行くと、弁当を広げている人だらけだったのだ。

ブータンは、ヒマラヤ山脈の南麓に位置し、急な山肌に張り付くようにできた小国だ。上空から眺めると山の深い緑が美しく、飛行機が高度を下げると険しい山の間を縫うようにできた街が見えてきた。工芸品のような伝統建築様式の家屋が点在し、空港に降り立つと着物のような伝統衣装を着た空港スタッフが笑顔で迎えてくれた。これは現実の世界なのだろうか。神秘的なまでに美しいこの土地での生活が楽しみになった。

さて、ブータンといえば「幸せの国」として知られるが、その理由は経済指標である国民総生産（GDP）にかわるものとして国民総幸福量（GNH/Gross National Happiness）を国の発展の指針に据えているため。GNHには政策の4本柱があり、その一つが「伝統文化の保護と活用」だ。ブータン人としてのアイデ

右端に建つ伝統建築様式の建物は、白く凛としていて、青い空とそびえる山の背景によく合う

ンティティと誇りを守ることが、インドと中国という大国に挟まれた小国が独立を保って生き延びるために不可欠と考えられているのだ。空から見えた伝統建築様式の建物も、公的な場での着用が義務付けられた伝統衣装も、国策として進められている伝統文化保護の一部。ブータン以外の何ものでもない光景に、よそ者の私までもが誇りを感じるのだった。

伝統弁当箱は使われていない？

実は、ブータンの弁当文化については、事前に調べて気になっていたことがあった。バンチュンという美しい竹籠の弁当箱があるようなのだ。写真で見ただけだが、丸い竹ざるを二つ合わせたような形で色付きで、大きさが少し違うからぴたっと噛み合って液漏れしないのだそうだ。こんな工芸品のような弁当箱が使われているなんて！　さすが伝統文化を大事にするブータン、と興奮して期待していた。

ところが、滞在先の家族や出会った人に聞いてみても、みな口を揃えて「そんなの今使わない」と言うのだ。そんなばかな。バンチュンを使っている人に出会えるはずと信じて、首都ティンプーの街に繰り出した。

とは言っても、どこに行ったら弁当を食べている人に出会えるのかわからない。さまよううちにたどり着いたのが、野菜や肉を売る市場。あてはなかったが、考えてみれば市場でものを売る人たちは朝から夕方までそ

市場は、魚、野菜、果物、穀類などがエリア分けして売られている。野菜エリアは3歩進むごとに唐辛子がある

こにいて離れられないから、弁当持参で出勤している可能性が高いのではないか。そんな後付けの説明で自分を納得させながら、中に入った。

この市場の名は、王政百周年記念市場。王政100年を記念して改装された大規模な市場で、屋根付き二階建てだ。野菜から穀類から魚から、なんでも揃う。野菜売場に向かうと、青首だいこんにゴーヤにと、馴染みのある野菜たちもある。

うろうろ歩き回っていたら、野菜が積まれた台の裏で、売り子の女性がものを食べている姿が見えた。物陰でよく見えないけれど、日本で見慣れたプラスチックの弁当箱のように見えるぞ。

目が合ったので話しかけてみる。

「お昼ご飯ですか？　何を食べているんですか？」

「ご飯とエマダツィだよ」

田舎の家での食事は、床に座って丼ご飯。少量のエマダツィで山盛り一膳食べられる

恥ずかしそうに言う彼女の手元をのぞき込むと、左手にご飯の入った丸い器を持ち、膝の上にはおかずの丸い器がのっていた。

朝も晩も弁当も唐辛子のチーズ煮

ここでブータンの日常食について話しておきたい。エマダツィというのは、唐辛子のチーズ煮で、ブータンの代表料理だ。二週間ほどブータンで過ごし、いくつかの家庭にお世話になったが、実はほぼ毎日エマダツィを食べていた。

ピーマン大の唐辛子を野菜のように使うのがブータン料理のユニークなところで、旬の夏は青唐辛子を使い、それ以外の時期は乾燥した赤唐辛子を主に使うという。青も赤もしっかり辛いけれど、辛いだけでなく深いうまみがあるから、ダツィと呼ばれるカッテージチーズ似のチーズ、にんにく、ひとかけらのバターを加えて煮込むと、それはもうご飯の進むおかずになる。

この他にもおかずの種類はあったのだが、エマダツィはエマ（唐辛子）とダツィ（チーズ）を煮たもの、ケワダツィはケワ（じゃがいも）とエマとダツィを煮たもの、シャモダツィはシャモ（きのこ）とエマとダツィを煮たもの。とにかく「唐辛子とチーズとなにか」というパターンが常で、すべてのベースにエマダツィがあるようだった。ときに「干し肉と唐辛子煮（パクシャパ）」なんていうチーズの入らない料理があると、ちょっと特別でうきうきしたが、やはり唐辛子からは逃れられない。

青唐辛子のエマダツィは、爽やかな風味とうまみがある。旬の夏の時期にだけ作れる

乾燥赤唐辛子で作るエマダツィは、ドライトマトのようなぎゅっと甘いうまみがある

ブータン料理がこれほどまでに唐辛子尽くしになった理由としては、唐辛子が険しい山岳地域において比較的育てやすいこと、不足しがちなビタミンCを豊富に含むこと、海から遠い土地において塩代わりのように食を進めることなどが言われている。

田舎の家では、丼ご飯を1〜2品の少量おかずで食べ、さらにご飯をおかわりするのが毎食の風景。「昔は日本もたくあん一切れで山盛りご飯一膳食べていた」というのを聞いたことがあるけれど、そんな感じだろうか。

さて、ご飯とエマダツィの弁

ご飯とエマダツィを、象印のランチジャーで。棚の後ろで食べると、ちょうど隠れて通路からはほぼ手元が見えない

当を見せてくれたお姉さん。弁当もエマダツィなのかと思いながらふと脇を見ると、給湯ポットのような円筒形の容器がある。ご飯の容器とエマダツィの容器が、ここに収まるらしい。あれ、これ知ってるぞ。

「これ日本のだよ！」

私が興奮して言うと、

「そう、象印。みんな持ってる。冷めないからおいしく食べられるの」とにっこり。確かに、チーズを使ったエマダツィは、完全に冷めると油脂が固まるので、温かい方がおいしい。円筒状の弁当容器に近づいてみると、「ごはんもおかずも大盛りサイズ」なんて、買った時のままのシールがついている。後で象印マホービン社のホームページを見たところによると、商品名はランチジャー、ご飯茶碗約3杯分のご飯が入るらしい。日本だったら食べ盛りの野球部男子みたいな量だけれど、ご飯をたっぷり食べるブータンの暮らしにはちょうどいいのかもしれない。

市場で山積み売られる青唐辛子。みなたっぷり買っていくなと思っていたのだが、4人家族だと1週間で1キロほど消費するそう

バンチュンはどこだ

弁当を食べている人を求めて、さらにうろうろする。野菜売場を抜けて果物売場に入った。山積みのりんご、マンゴー、ぶどう。多くは量り売りだ。昭和風な天秤ばかりが置いてあるけれど、その隣にはスマホ決済用のQRコードが置いてある。あの古めかしい天秤ばかりで量って、スマホで支払うのか。私にはちぐはぐに見えるが、スマホテクノロジーの浸透は、立地や経済発展のレベルによらず世界に等しく訪れているのだからすごい。

余談だが、ブータンは国民総幸福量を追求しているが、経済

伏せた段ボールがテーブル代わり。スマホで動画を見ながらひと時のランチタイム

発展を重視していないわけではない。それどころか、GNHの4本柱の一つは「持続可能な経済発展」なのだ。とはいえ、これだけ山奥で人口も少なく地下資源があるわけでもない小国において、隣接する中国やインドのような大国に経済で勝とうと思っても勝ち目がない。だから、飽くなき経済発展ではなく、現実的な目標として「幸福量」が掲げられたということのようだ。

話を戻して果物売り場。店員さんが立っていないから、気兼ねなくじっくり眺めていたのだが、すると人がにゅっと立ち上がって現れた。「ごめんね、何探してる？」と。いたのか！

店員は不在だったのではなく、商品棚の向こう側の床にすわり込んでいたのだ。笑顔がかわいらしい彼女。いったい何をしていたのかとのぞき込むと、段ボール箱が一つ置かれて、それを机にして弁当が広げられている。弁当だ！

「あなたの弁当を見せてくれる？」と申し出る私。マンゴーもりんごもいらないのかとびっくりした様子を見せながらも、彼女は「こっちに回ってきて」と快く商品棚の向こう側に入れてくれた。

段ボール箱の上には、エマダツィ、肉を炒めたものがそれぞれ丸い容器に入って置かれていて、それから何が入っていたのか空のおかず容器が一つ。段ボール箱に直置きされた生唐辛子を指さして尋ねた。

「これなんでここにあるの？」

「そのままかじる」

まさか！　唐辛子料理を食べながら生唐辛子をかじるなんて、一体どれだけ辛さに強いんだ。ただそれ以上にびっくりしたが、弁当箱だ。彼女の弁当箱も象印のランチジャー。先ほどの方のより一回り大きいから、ご飯茶碗4杯分くらい入るのだろうか。「中身は昨日の夕飯の残り物。この容器は温かく食べられるからいいよ」とにっこり。

この後市場を歩いて何人かのお弁当を見せてもらったが、みんな象印のランチジャーにご飯とエマダツィが基本で、時々おかずの品数が1〜2品多い人がいたり、中国メーカーの保温容器を使っている人がいたりという感じ。結局、どれだけ市場を散策しても、彼らの言う通りバンチュンを使っている人には出会えなかった。

伝統弁当箱の今

しかし驚いた。伝統工芸の竹籠弁当が、日本の弁当箱に取って代わられているなんて。しかもランチジャーはおそらく日本では主流ではなく、どちらかというと便利グッズ。それがはるかヒマラヤの小国にたどり着いて、弁当箱のスタンダードですと言わんばかりに普及しているのだから、世界はおもしろい。彼らは「日本の象印が最高だよ！」と言い、私は「ブータンのバンチュンは美しい……」と躍起になって探す。人間はややこしい。

結局バンチュンの弁当を持った人は見つけられなかったが、バンチュン自体がなくなったわけではない。家に行くと、戸棚にはちゃんとあるのだ。「昔は弁当箱に使っていたけれど、今はもっぱらお菓子や小物を入れるのに使っているよ」と言う。確かに、適度な通気性とデザイン性があって、小物入れにはちょうどいい。ブータンらしい美しい工芸品が、形を変えて日常生活の中で活躍しているのを見て、この国の骨太な伝統にほっとするのだった。

乾き物のお菓子を入れるのにバンチュンを使用。そのまま蓋をして保存できて便利だ

シンプルなチーズサンドへの絶対の信頼

ボーターハム・メット・カース
オランダ

昼どきの学食は、持参したチーズサンドを取り出す人と、買って食べる人が入りまじる。学食には温かい食事も並ぶが、その中で右手前の人が選んだのはサンドイッチ

弁当経験値ゼロの東京会社員

２０２４年夏、オランダに引っ越した。弁当の本を書きながら非常に言いづらいのだが、私は日本では自分で弁当を作ったことはほとんどなかった。高校時代は母が作ってくれていたし、社会人になってからは会社の同僚と外に食べに行ったり、会社のキッチンで一緒に料理したり（大きなキッチンのある特殊な会社だった）。千円も出せばあらゆる種類のしかも温かい食事が食べられるのだから、東京は素晴らしい。

一方、手作り弁当というのは、インスタグラムで見る世界。彩りよく芸術的バランスで詰めないといけない気がして、ハードルが高く感じていたのだ。一人飯の日も「私は弁当を詰めるような人間ではないから」と言い訳し、コンビニで買う方が好きだった。

それが、オランダに来てからは毎日弁当を持参するようになったのだ。理由は二つで、外で食べるのが高いからと、自分で作るハードルが非常に低いから。

昼食の基本は凝らないチーズサンド

ヨーロッパは外食が高いというのは、改めて語るまでもないだろう。私が住んでいるのは、ライデンという中規模の街だが、カジュアルなカフェでサンドイッチを食べても8ユーロ（約1300円※1ユーロ160円換算）程度する。ドリンクも頼むと2000円近い。毎日食べるには高すぎる。アジアでは外食は日常的なものだが、ヨーロッパではハレのものなのだ。円安も効いている。

これはかなわんと、コンビニとスーパーの中間のような店に駆け込むと、パサパサの食パンにぺろんと一枚チーズを挟んだだけのサンドイッチで3・5ユーロ（約600円）。日本のセブンイレブンのしっとりリッチな卵サンド（290円）が懐かしい。

そんな状況もあって、働く人も学生も、基本的に昼食を持参している。で、これがきわめて簡素なのだ。

私は学生として大学に通っているのだが、午前の授業を終えてキャンパスを歩いていると、そこかしこで学生たちがリュックから食べ物を取り出している。ベンチに腰掛けたきれいな金髪の女性は、ティッシュ箱ほどのランチボックスとりんごを取り出し、箱を開けて茶色い食パンのサンドイッチにかじりついた。学食の隅のテーブルに腰掛けた男の子は、食パン一斤丸ごと入った袋を出して、ピーナッツバターの瓶もドンと置き、塗っては食べ、塗っては食べている。一斤食べるのだろうか。別のテーブルについた女の子は、食パンの袋を取り出したが、中に入っているのは一斤丸ごとの食パンではなく、サンドイッチ一つだけ。食パンが入っていた袋をそのまま再利用したのだろう。

これは日本人学生（私ではない）のチーズサンドで、ややかわいげがある

大学の昼休みに取り出した弁当は、みなチーズサンド。日本の弁当のように隙間なく詰めるものではないようで、容器がやたら大きい。弁当箱というよりコンテナだ

いろんなスタイルがあるが、とにかくサンドイッチが基本で、しかもきわめて凝っていない。私の観察では、食パンはベーカリーではなくスーパーで買う袋入りのものの人が9割以上。全粒粉や雑穀入りで茶色がかっており、12枚切りくらいの薄さでへなへなにやわらかい。そこにバターやマーガリンを塗って薄切りのゴーダチーズを挟んだら合格だ。

チーズサンドの合理性と絶対の信頼

チーズサンドはオランダ語でボーターハム・メット・カース（Boterham met kaas）という。チーズサンドの仲間でも、他国の「メルトチーズサンド」とか「モンテクリストサンドイッチ」には詩的で魅惑的な響きがあるが、我らがチーズサンドにそんな情緒は不要。ボーターハム（食パン）メット（&）カース（チーズ）という命名からして、きわめてストレートで機能的ではないか。

来る日も来る日も同じもの。飽きないのかなと思って、大学の友人たちに聞いてみた。私のコースは、社会人経験のある年齢高めの人が多い。自らのオランダ人気質の強さを自負する30代前半ヨラインは、

「昼食は食パンにチーズを挟んだもの二つ。毎日同じだよ」とアルミホイルで包んだ塊を取り出した。

「昼食は燃料だから。食べなければいけないから食べるだけ。飽きるとかおいしいとか関係な

学食の一番目立つところにあるのは、サンドイッチだ。スープや温かい料理は奥の方

ヨーグルト弁当の容器。ドームの蓋部分と本体は仕切られて別空間になっており、本体にヨーグルト、蓋部分にシリアルやナッツなどや果物を入れられる。まぜて食べられるようスプーン付き

いよ」

笑顔でキッパリ言われて、気圧された。確かにオランダ人の食への姿勢はきわめて合理的だと聞いたが、こうも断言されるとぐうの音も出ない。さらに驚くべきことを言う。

「自転車に乗りながら食べることが多いかな。それが一番効率的だからね」

オランダは誰もが自転車で移動する自転車大国だが、言われてみれば、確かに、自転車に乗りながらサンドイッチやりんごを食べている人をしばしば見かける。その効率への執着にも驚かされるが、箸で食べる日本の弁当ではやろうと思ってもできない芸当だから、ちょっとうらやましくもある。

いつも穏やかな25歳ルースも、リュックから出す箱の中身はボーターハム・メット・カース（以下ボーターハム）。

「子どもの頃からボーターハムだったからね。考えなくていいからこれが一番楽なの」と言う。「高校生の時は、やせたくてヨーグルトに切り替えようとしたこともあるんだけど、一カ月くらいでやっぱりボーターハムに戻っちゃった。パンじゃないとお腹が満たされないんだよね」

確かに、それはわかる。

ヨーグルトは、私の周りでボーターハムに次いで二番目にポピュラーな弁当だ。ヨーグルトが食事になるのか疑わしいが、それ専用の「弁当箱」があるほど普及している。ヨーグルトを持ち歩くなんて昼までに腐って

オランダのチーズといえば、ゴーダチーズ。チーズ専門店に行くとまるごとのチーズが並んでいて圧巻。ただし多くの人はスーパーでパック入りのものを買うようだが

しまわないのかと心配するも、日本ほど暑くないし、数時間くらい全然平気。ヘルシーでよさそうなので、私も一時ヨーグルト生活を試みた。しかしルースと同じく炭水化物を食べないと落ち着かず、やはりボーターハムに戻った。

作るのも食べるのも効率的

そんなわけで、チーズサンドは昼時のキャンパスを席巻している。毎朝考えなくてよくて、お腹が満たされて、自転車に乗りながらでも食べられて効率的。興味深いのは、「ボーターハムはおいしい」とは誰も言わないこと。スーパーで売っている標準的なゴーダチーズは、コク深く風味豊かで、プロセスチーズ

で育った私にとってはうまみの塊のようなのだけれど、「ボーターハムっておいしいよね！」なんて言おうものなら変な顔をされるに違いない。ボーターハムはそういうものではない。きわめて機能的、ヨレナの言葉を借りるならば「燃料」なのだ。

　こんなにも気を使わなくていいならば楽だ。私もボーターハムを学校に持って行くようになった。朝の身支度をしながら、一斤1ユーロ（約160円）のペラペラな食パンを冷凍庫から出して、2枚取り出して並べる。バターを塗って、パック入りの薄切りゴーダチーズを1枚はがしてのせて、きゅっと挟んで保存容器風の飾り気のないコンテナに入れる。りんごと一緒にリュックに放り込んだら自転車に飛び乗る。ものの5分で支度完了だ。前日におかずを多めに作っておく必要もなく、彩りやバランスなど考慮不要で、「今日何入れようかな」などと考える余地もない。うんと楽だ。

　実は、学期初めには容器が用意できず、間に合わせのジッパー付き袋に入れて持っていた。こんな見た目じゃ恥ずかしいと思いながらランチタイムを迎えたのだが、そんなこと誰も気にしないし、同じくらい雑な人たちがごろごろいる。パンの空袋やアルミホイルに包む人多数、箱だとしても保存容器風のコンテナ。かわいい弁当箱なんて皆無だ。日本で抱えていた弁当コンプレックスは霧消し、今はチーズサンドをかじる生活が気に入っている。

ブロートベレクの一例。右から順に、カレー味のヴィーガンチキンサラダ、フムス、カッテージチーズ、ハム入りのチーズスプレッド

チーズだけではない広大な世界

　とここまで読んで、「そうは言っても毎日チーズじゃさすがに飽きるよ！」と思った方もいるかもしれない。そんなあなたに朗報がある。パンに塗ったり乗せたりするもののことをオランダ語でブロートベレク（Brood beleg）と言うのだが、実はチーズ以外にも膨大な選択肢があって、スーパーに行くと、冷蔵ケースにずらっと並んでいる。

　たまごサラダ、カレー味のたまごサラダ、チキンサラダ、塗るチーズ、レバーペースト、焼き野菜のペースト……。近年は動物性の食品を避ける人も多く、植物性で高タンパクなフムス（ひよこ豆で作ったペースト）が人気だ。フムスはプレーンだけでなくフレーバー豊富で、カレー味、かぼちゃ味、ドライトマト味、それから誰が考えたのかスパイシーマンゴー味なんていうのもある。マンゴーと豆ってあうのだろうか？

その先の売り場に進むと、ハムやサラミのような肉製品が壁一面にずらり。常温の棚には、ピーナッツバター、チョコスプリンクル、ジャムなど甘いものが豊富で目移りしてしまう。友人の20代ルークくんのお気に入りはピーナッツバターとジャムのダブル塗り。バターにチョコスプリンクルをかけて挟んだものは、子どもだけでなく大人にも人気の定番だ。

しかしそれでも、チーズサンドの強さはダントツだ。精肉会社Stegemanが501人のオランダ人を対象に2016年に行った調査によると、サンドイッチに挟むものとして最も多かった回答はチーズで71％（複数回答可）。新しいものを試したいと思うかの意向に関しては、思わないと回答した人が男性45％、女性30％。つまり、スーパーにこれだけ膨大なブロートベレクが並んでいても、実に多くの人がそれには目もくれずチーズの棚に直行し、いつものチーズを2パックつかんでかごに入れてレジに向かうのだ。

最初は「つまらなくない？」とも思っていたチーズサンド文化だが、こうも徹底して飾り気がないと安心感がある。一方で、少数の冒険心の強い人たちのためなのか、多様なブロートベレクがあるのは救いだ。「これだけいろいろあるなら、チーズに飽きても大丈夫そう」と安堵した。

バナナを揚げて山道を下る

揚げバナナ
パプアニューギニア

南国のヤシの木ビーチのはずが……

パプアニューギニアは、南国イメージと裏腹になかなかタフだった。南太平洋に浮かぶニューギニア島の東半分に位置する国で、国土は広いが、分厚いジャングルに阻まれた内陸部は「未開の地」と評される。

この国のことを知ったのは高校時代、地理の授業でのことだった。世界の主食についての話で、小麦でも米でもトウモロコシでもなく「サゴヤシ」というヤシから採れるでんぷんで団子を作って主食とする人たちがいると聞いて、妙に記憶に残っていたのだ。ヤシが主食ってどういうことだ。年月を経て興味はますます募り、文化人類学者の方の調査に同行する形で訪問が叶い、歓喜していた。

しかし、私の知識は「サゴヤシを食べる」ということだけ。浮かれて到着し、現実の厳しさを知った。ジャングルの山道は陸路アクセスがすこぶる悪く、熱帯の気候は体力を奪う。滞在した村は、最寄りの空港からガタガタの山道を4時間車で登った山中にあり、日常生活が登山状態。南の島だけれども、ヤシの木が生えるビーチでスキューバダイビング！という想像とはほど遠い世界であった。

山なので、畑も急斜面。畑仕事は常に踏ん張っていないと滑ってしまう。慣れない人間には、歩くのも立っているのもひと苦労だ

そんなタフな生活の中で記憶に鮮明に焼きついているのが、子どもたちの体幹の強さ。畑に向かう道を私がひーひー言いながら歩いている横で、6歳の女の子ルシアがつるりとした高木にすいすい登って、はるか頭上に実るブアイの実（親が好む嗜好品で、これとマスタードの茎と石灰を一緒に噛む）を採って来たり、畑で一人前にナタをふるったり、帰り道はイモや薪を大量に背負ってしゃきっと背筋を伸ばして歩いたり。どんな力仕事も、伸ばした背筋をぶらすことがない。鋼のように頑とした姿勢に「やっぱり体幹鍛えなきゃな……」と毎日思わされていた。

日々の食事はというと、畑で採れる作物やジャングルで採って来るものが中心で、週3日は

ルシアの体幹の強さといったら！ よく食べ、よく働き、高い木にもするする登っていく

イモと調理用バナナ、2日はジャングルのサゴヤシから採取したでんぷんで作るサゴヤシ団子、あとの2日は市販の米といった感じ。イモや調理用バナナは、畑（彼らのピジン語でガーデン）で採れる食べ物（カイカイ）なので、まとめてガーデンカイカイと呼ばれる。

ヤムイモもタロイモもそれぞれが何十種類も育てられていて、夕飯はそれらをまぜこぜで大ぶりにカットしたものをココナッツミルクで煮て、青菜とともに手づかみで食べる、というのが日常だ。イモという食べ物は、比較的単調な味わいのものであるが、いろんな種類がごった煮になっているのでちょっとずつ味が違い、しかも案外うまみもあって飽きることがない。私は

サゴヤシに興味があって訪れたのだが、でんぷんを水で練ったサゴヤシ団子はほぼ無味でそそられず、ガーデンカイカイの日は心中ガッツポーズであった。ただし、イモはきわめてお腹に溜まるので、たくさんは食べられないのだが。

夕飯のサゴヤシ団子。イモと同じく青菜のココナッツ煮とともに手でつかんで食べる。味は……あまりない

早朝の揚げバナナ

お世話になっていたのは、リサとエロルの若夫婦の家で、小学校に通う3人の子どもたちがいていつもにぎやか。木と竹で作られた家の2階に寝泊まりさせてもらっていた。

月曜日、朝6時。蚊帳から這い出して、顔を洗おうと庭に出ると、台所の小屋の方で音がする。リサはもう起きているのか。そう思って行ってみると、そこにいたのはリサではなく12歳の長女イザベラ。いつも母さんが調理している、地面に石を三つ並べた「コンロ」に薪をくべて火をおこし、調理を始めようとしている。こんな早くに起きるだけでえらいのに、学校に行く前に台所仕事だなんて。

そばに座って眺めていると、彼女はバナナをむき始めた。調理用バナナは皮が硬いので、甘いフルーツバナナのように手ではむけない。ナイフで分厚くむいて、実を縦に半分にスライスし（どうしてまな板を使わずあんなにきれいに二等分できるんだ）、薪の上で温まったフライパンの油にすべり入れる。もう一本、また一本、切っては入れていく。

じゅわじゅわと音を立てなが

バナナを揚げる、早朝の台所。そんなにたくさん揚げるの!? と思ったのだが、夕方までにきれいになくなった

バナナは揚げた端から食べられていく。水分が少なくけっこうもそもそしているのだが、どうして何も飲まずに食べ続けられるのか

らゆっくり色づいていくバナナたち。ひっくり返す道具は、ちょっとゆがんだフォーク。ぷすっと刺してくるっと返す。両面カラッと揚がったら、皿に取る。そして食べながら次々と揚げていくのだ。

　しかし学校に行く準備をしなくていいんだろうか……心配していたら、そのうちリサが出てきて交代。イザベラが身支度をしに部屋に戻ると、妹と弟（正確には弟は親戚の子。学校に通うためこの家に滞在している）が起きてきて、揚がったバナナを手づかみで食べ始めた。ひとつ。ふたつ。私がじっと見ているのが気になったのか、「ミサトも食べなよ」と言ってくれたので私も手を伸ばしてかぶりつく。水分と甘さの少ないさつまいもみたいだ。もそもそして、想像以上に食べごたえがある。「ふた切れでお腹いっぱいになりそうだな」と内心思ったが、6歳のルシアでも三つ四つ五つと食べているので、ふた切れというわけにもいかない。

夕方まで揚げバナナだけ？

火の周りにしゃがんでひとしきり食べると、ルシアは蓋付きのプラスチック容器を取り出して、短く切ってあった揚げバナナを何本か詰めた。毛糸で編んだビルム（網袋）に押し込んで、さらに3本とって葉っぱに包んで持って出かけようとしたので、慌てて声をかけた。

「ちょっと待って、その箱もしかしてお弁当？」

　もぐもぐしながら頷くルシア。朝も昼も揚げバナナか！「朝も昼もカレー」というのとはわけが違う。カレーは肉もイモも野菜も入っているが、揚げバナナはバナナしかない。朝早く起きてから、一日の最後の食事である夕飯の時まで、バナナしか食べないということになる。母リサは横から「あれは昼食というか軽食」と言う。もともとこの地域は一日二食で、学校は15時までなので、しっかりした食事はいらないのだそうだ。

その翌日もイザベラは朝早くから火をおこしていた。この日揚げたのはタロイモで、やっぱり朝も昼も揚げタロイモ。イモやバナナだけでどうしてあの屈強な体が維持できるのか、不思議で仕方ない。体の強さもさることながら、朝から自分と家族の朝昼食を作ったり、箱に詰めて自分で出かけていく子どもたちのたくましい姿に、自分の非力さが恥ずかしくなってしまった。タンパク質を摂っていないようなのにあんなに強い体幹で働き、タイマー付きのＩＨ調理器や頑強なフライ返しがなくても三つの石と曲がったフォークで料理してしまうんだもの。

だが、彼らのパワーに驚いていたのは私だけではなかった。実はもっと低地で川沿いの地域出身の男性ポールが、私たちの滞在中ずっと一緒にいてくれたのだが、彼もこの村に最初に来た時は、食べる量と働く量に驚いたという。

「この村の人はうんと働き者だ。ぼくの村は、朝近くの川に魚を獲りに行って、あとはサゴヤシででんぷんを練って団子を作れば食事になるから日中のんびりしている。ここの人たちほど畑仕事をしないし、ぼくはあんなにガーデンカイカイを食べられない」と苦笑い。確かに、日本の中でも県民性ってあるものな。彼の村に行ったら、ヤシの木にダイビングみたいな南国生活があったのだろうか。

箱いっぱいに詰めた揚げバナナ。学校に行くビルムの中身はバナナと教科書一冊だけだが、いいのだろうか。弁当箱を入れるビルムは、親戚の手作り。パプアニューギニアの手工芸で、各地域の柄があるのだという

ジャングル作業の弁当は持ち寄り

ちなみに、弁当は揚げバナナやイモだけではなかった。子どもが学校に持っていくには、作

茹でたイモやバナナをビルムに入れて背負い、山道を下っていく。重い荷物は前頭で支えるのが楽と学んだ

るのも軽食として食べるにも揚げたバナナやイモが便利だが、別のシーンではまた別の弁当が登場した。

　この地域では焼畑によって農業をしているが、新しい畑を作るためにジャングルの茂みを伐採することになった。大仕事なので、4家族合同で男たちが作業にあたり、エロルは朝出ていく時「あとでヤレム（イモやバナナの皮つき丸茹で）を届けて」と言い置いて行った。弁当を持参するのではなく後から届けるスタイルか。家に残されたリサと私は、朝の諸々の仕事を終え、大鍋でイモとバナナを大量に茹でて、昼頃にビルムに入れて背負ってジャングルに向かった。

　20分ほど歩いて現場に到着すると、男たちはなたを振り回し、鬱蒼と茂る熱帯の草木をブルドーザーのように伐採していた。本当に屈強だ。女性と子どもたちは、木陰に座っておしゃべりしながら眺めている。

「ご飯にしよう」という号令で集まる男たち。私はどうだとばかりにヤレムを差し出す。他の女性たちもそれぞれビルムから何やら出してきた。サゴヤシ団子と青菜煮が入ったコンテナに、バナナリーフに包まれたご飯。バナナの葉の包みを開けて出てきたご飯は、家で皿にのせたものの5倍おいしそうに見える。

ヤムイモ、サツマイモ、タロイモ、バナナ…… ヤレムは、大きな鍋に手当たり次第のガーデンカイカイを入れて茹で、笑ってしまうくらい豪快。甘いバナナは子どもたち用

子どもたちが争うようにして手を伸ばし、つつき始めた。サゴヤシ団子は、容器ごと回して食べれば皿いらず。男たちは、ふだん家では手づかみで食べるが、外仕事で手が汚れているのでフォークで刺して食べている。外仕事なのにむしろ上品に見える。

しかし、なかなかな量だ。どの家もそれぞれ自分たちの分だけでなく全員分の量を持って来ているから、当然余る。食事は人気投票のようになり、結局一番人気の米が真っ先になくなり、ヤレムはほぼ持ち帰りのおみやげとなった。米は畑やジャングルでは基本的に獲れず、買うには現金が必要なので、一番「ご馳走」なのだそうだ。「朝からヤレム茹でたのにな……」とちょっとへこんだ。

バナナリーフに包まれたご飯を食べる子どもたち。子どもは特に、米が大好きだ。上にのっているのは畑の青菜を煮たもの

しかし同時に携帯食としてのイモの実力も痛感した。皮付きで茹でたヤレムはそのまま持ち運べて容器いらずだし、土だらけの手でつかんでも皮をむけばきれいなイモが食べられる。なんてうまくできているんだ。葉っぱで包んだご飯もよいけれど、イモはそれ以上に完璧な天然のパッケージになっている。ヤレムが持ち帰り用になったのも、持ち帰りやすいからという事情もあるのかもしれない。そう信じたい。

この記事の中で、何回イモとバナナと書いただろうか。南国のビーチの代わりに、イモとバナナを満喫したパプアニューギニア滞在であった。

仕事をしながらいつでも遊牧民のカチカチ乳製品

アーロールとボルソック

遊牧生活は弁当いらず？

遊牧民というと、常に移動し続けているようなイメージがあるから、きっと特別な携帯食があるのだと思っていた。そんな期待を抱いて、遊牧民の国モンゴルを訪れたら、実は日々の生活は一カ所をベースにしていて、我々のお弁当にあたるような携帯食はあまり必要ないのだと知った。家畜の乳を搾ったり世話をしたりするのは、ゲルと呼ばれる移動式の家や小屋の近くで行われ、それほど遠くへは行かないらしいのだ。しかしそれでは話が終わってしまう。生活の中に根づいた携帯食の話をしたい。

モンゴルは、草原が広がる遊牧民の国だ。伝統的な暮らしでは、牛、馬、羊、ヤギ、ラクダの五畜を組み合わせて飼っていて（ラクダは砂漠エリアのみ）、その乳を加工したり肉を売ることにより生計を立てている。夏と冬、もしくは四季ごとに場所を変えて生活するが、その季節の間は拠点を動かさない。近年は、環境の変化などから遊牧を放棄して首都ウランバートルに定住する人も増えているが、それでも人口の3割が遊牧・半遊牧の生活をしているというのだ

草原は広く、馬に乗って家畜を追い集める。子どもも上手に乗りこなす

から、世界でもトップレベルに多い。お世話になった一家も、そんな遊牧を営む家族の一つだった。

首都ウランバートルから車で2時間、ズンハラという町に着き、そこから馬に乗り換えて1時間。草原にぽつんとある小屋に一家は住んでいた。遊牧民というのは、ゲルと呼ばれる移動式テントで生活していると思っていたから、四角い小屋が見えてきた時は「おや？」とちょっと動揺した。聞けば、毎夏同じ場所に来るから固定の小屋を構えているのだそう。確かに、この家以外

赤い屋根の小屋が寝起きするための生活空間、青い小屋は乳製品加工と炊事、ゲルは加工品の貯蔵用。毎夏の生活の場だ

にも、来る途中の草原で「小屋」は何度か見かけた。

この家は小屋が二つあり、その隣のゲルは物置のような位置付け。早くも「移動しながらゲル生活」という遊牧民イメージは打ち砕かれた。

朝5時から仕事が途絶えない

迎えてくれた家族は、なかなか賑やかだった。普段は口髭をたくわえた夫バドワールと妻ガルマーの2人暮らしだが、この時は一番忙しい夏の時期だったので、3人の男の子の孫たちが手伝いに来ていたのだ。彼らは、学校が夏休みの間ひと月ほど泊まって働くのだという。えらいなあ。

さて、この家族とは数日とも

に過ごしたが、なんだかずっと働いていたような気がする。朝は5時に起きて、家の脇を流れる小川で歯を磨いて洗顔し、そのまま仕事開始。小川のそばには、岩の乗った麻袋が置かれている。前日の夜に、加熱したヨーグルトを入れて岩で重しをして脱水しておいたのだ。ガルマーはこの岩をどかし、水分が抜けてチーズのようになった麻袋の中身を取り出し、糸でカットして干し台に並べ始めた。この状態だとまるで豆腐のようだが、「4日も干すとアーロールができるよ」という。乾燥チーズのような保存食だ。

　ガルマーがカットしたのを私が台に並べて、すべて並べ終えたら次の仕事が待っている。朝の搾乳だ。バドワールと息子たちが草原に散った牛とヤギと羊を集めてきて、そこにバケツを持って行って乳搾り開始。黙々と手作業で搾り、最後のヤギを搾り終えたら2時間近く経っていた。息つく暇もなく、ガルマーは搾りたての生乳が入った大きなバケツを持って小屋に戻り、大鍋にあけて加熱開始。そのそばで一同パンと乳製品の朝食をさっと食べて、次の仕事へ向かう。男たちは馬の搾乳に向かい、ガルマーと私は乳加工の続き。そんな感じで次から次へとやることがあって、ふと一息ついてスマホの時計を見ると14時。

朝晩の搾乳は一家の共同作業。動物ごとにやり方が異なるが、ヤギと羊は互い違いの一列に並べ、ロープで首を固定して端から搾っていく。ヤギはこんなに小さくてももう大人

搾乳のために馬を一列に並べる。子どもたちは、動物と友だちのようにじゃれ合いながらも、主として厳しく御することも知っている

「休憩しよう」

ガルマーの言葉に誘われて寝起きする小屋に向かい、座り込んだら、ようやく仕事のない空間に来たことにほっとした。

休憩は片手でボルソックとアーロールを

しかし、ちょっとお腹がすいたな。草原の遊牧民は一日二食で、日中は馬乳酒（馬乳を発酵させて作る飲料でビタミン類が豊富）を4リットルとか飲んでお腹を満たしていると本で読んだが、この家で馬乳酒を飲んでいるのはほぼバドワールだけ。ガルマーや子どもたちは、あんなに体使っているのに夕方までお腹すかないのだろうか。

するとガルマーが戸棚を開けて、菓子鉢のような器を出してきた。やった、食べ物だ！中に入っているのは、乾燥チ

干し台に並べたアーロール。ネットで囲っておいても、乾燥するまでの数日間に鳥にかじられ、ガルマーが悔しそうな顔をする

ーズのアーロールと一口サイズの四角い揚げパンのボルソック。「取りなさい」と差し出してくるので、片手でわしっとつかんだ。

朝沸かしてだいぶぬるくなったお茶（スーテーツァイという薄いミルクティー）とともに食べる。アーロールとボルソックは、ぱっと見「四角くて無機質だな」くらいの印象なのだが、食べるとカロリー密度がすごい。アーロールは、硬そうに見えて噛むと案外チョークのように崩れ、口の中に酸っぱい乳風味が広がる。ボルソックはパンというより「小麦粉を揚げたね？」というくらい目が詰まってずっしりしている。いずれも、水分が少なく一つで結構お腹が満たされる。

ぼそぼそするくらい素朴な味のそれらは、スナック菓子のようなわかりやすいおいしさというよりは、じっくり噛み締める味わいで、だんだん好きになっていった。といっても、私がじっくり噛んでいる横で子どもたちは次々ボルソックをお腹に収め、部屋の隅にある段ボールの中から取ってきてさらに食べていたのだが。

鉢にいっぱいの揚げパン「ボルソック」とその上にのせられた乾燥チーズ「アーロール」

ポケットに詰め込んだ携帯食

「あ、雨が降りそうだ」すっかり休憩モードで食べていたら、バドワールが急に言い出した。窓の外を見ると、黒い雲が近づいてきている。すると彼は立ち上がって「子ヤギたちを集めてくる」とバイクにまたがった（そこは馬ではなくてバイクなのか）。体の小さい子ヤギたちは、雨になったら囲い柵の中に集めるのだ。長男も立ち上がる。食べかけのボルソックを口に入れたまま、アーロールをいくつかポケットに詰め込んで、出て行った。

その瞬間、私にはそのポケットに入れたものが「携帯食」に見えた。あれ、十分腹持ちしそうだな。すぐ帰って来ることはわかっているけれど、たとえ数時間帰って来られなくてもきっと平気だろう。日常の食でありながら携帯食にもなる。アーロールとボルソック、便利だ。

7歳のミャガンバイル少年も、ポケットにボルソックを入れてしょっちゅう食べていた

　また、この二つは、午後14時の休憩の時だけでなくあらゆるタイミングで食べた。朝食にも作業の合間にも人が来た時にも、とにかくいつでも登場するのだ。子どもたちなんか、作業の合間にさっとダンボールのところに行ってポケットいっぱいにボルソックを取って来ていたし、ガルマーは私がアーロールを気に入ったのを見て「干し台のところにあるからいつでも取って食べなさいね！」と念を押した。そんなわけで、アーロールとボルソックはなんだかずいぶん食べた気がする。

　考えてみれば、アーロールもボルソックも、非常にうまくできている。水分が少なく日持ちするというだけでなく、ポケットに入れて持ち運べて、作業しながらぽいっと口に入れられてエネルギー十分。まるでコンビニで売っているエナジーバーみたいだ。あるいは遊牧民のカロリーメイトか。日中料理する暇などない草原の生活にぴったりだし、アーロールは毎日とれる家畜の乳から作られ、ボルソックは小麦粉と油から作るので、材料の保管にも冷蔵庫いらず。保存食であり携帯食であり、この地の生活に最適化された糧だ。

携帯できない食事の贅沢

日が沈む少し前、早めの夕飯の支度に取りかかった。干し肉と雑穀を大鍋で煮てスープを作る。この日初めての温かい食事だ。体に染み入るようなスープを飲みながら、聞かないわけにはいかなくて一応聞いてみた。

「ねえガルマー、遠くに出かける時は弁当みたいなもの持っていくの？」

すると彼女は即答した。

「夕飯まで帰って来ないことはほどんどないからね。特に持っていく必要はないよ」

それでもちょっと遠出することはあるでしょと食い下がったら、少し考えて、

「アーロールとボルソックだね。こういうスープみたいなのは携帯に向かない」

と教えてくれた。ああ、やはりそうなのか。特別な携帯食がないというか、日常食が携帯食というか。天気や動物の都合に左右され、常に仕事が発生する遊牧民の生活では、普段の食事すらも弁当のように携帯できる条件を備えているようなのだった。

アーロールもボルソックも、エナジーバーみたいなもの。作り置きしておけば、家にいてもちょっと出かける時も、いつでも食べられる。理にかなっていて便利だが、一日の最後にこうして座って温かいスープが飲めるって、なんて贅沢なんだ。そんなことを考えながら、スープをお腹に収め、この日最後の仕事である夜の搾乳に向かうのだった。草原の一日は長い。

雨でも仕事はたくさんある。青い樽に入っているのは、ホルモッグというどぶろくのような発酵乳。時々攪拌して醗酵を進め、蒸留してシミンアルヒという蒸留酒を作る。子どもたちが攪拌すると、飛沫が飛び散る

一日の終わりのスープ。この日唯一の「携帯できない食事」

北極圏の放牧には凍らない弁当を

トナカイの干し肉
ノルウェー

マイナス30度の世界へ

弁当に求められる条件はなんだろうか。汁気が多すぎない、味つけがしっかりしている、腐りにくい、などが日本の台所で一般的に考えられることだが、マイナス30度の世界では「凍らない」という条件が重要になる。どんなにおいしいおにぎりも鶏の唐揚げも、極寒の地では冷凍食品になってしまう。

「凍らない弁当」に出会ったのは、真冬のノルウェー北極圏、トナカイ放牧を営む先住民家庭でのことだった。

台所探検の行き先を決めると、大抵は待ち遠しくて出発まで指

空港に降り立ったのは午後1時。短くて薄暗い「昼間」から夜に移行する間のこの時間帯はブルーアワーと呼ばれ、空がいろんな青色に彩られる美しい時間だ

折り数えて過ごしているのだが、あの時ばかりは「なんで行くことにしてしまったんだろう」と後悔し、こわくてびくびくしながら過ごしていた。

寒い土地の寒い時期の食の知恵が知りたくて、以前夏に訪れたフィンランドの家庭を冬に再訪することにしたところまでは、まあよかった。ところがなぜかそこで「せっかくならもっと北に行きたい」という欲が出て、北極圏に住む先住民サーミ人のもとを目指すことにしたのだ。

とはいっても、先住民の知り合いも、そこにつながる友人もいない。いろいろ探して、Workawayという仕事の手伝いをす

る代わりに寝床と食事を与えてもらうサービスを通して、トナカイ放牧を営むサーミ人家族を見つけて連絡をとり、二週間トナカイの世話と家の手伝いをしながら滞在することになった。

一家が住むのは、サーミ居住の中心地であるカラショクという街のはずれ。地図で見るとスカンジナビア半島のほぼ北端で、北極圏に位置する。私が訪れる12月は日がいっさい昇らない極夜の時期だ。天気予報を見ると、最低気温は連日マイナス30度。決めてしまってから恐怖で固まった。私は寒さが大の苦手で、冬は家の中で過ごしていたい人間だ。そんな寒さ経験したことがないし、装備も持っていない。慌てて北極圏経験のある友人に相談すると「装備を侮ると凍傷で手足を切断しなければならなくなる」と脅され、震えながらスポーツ用品店に行って「一番暖かいジャケットとズボンと手袋をください」と買物をした。

ところが、空港に降り立つと、北極圏の景色は青一色の中にいろいろな青が輝いていて美しく、木々が雪の結晶をまとう神秘的な風景に魅了され、不安な気持ちは期待に上書きされた。バス停まで迎えに来てくれたスィレ・マリア

母さんは「うちにいる間はこれを着て」と暖かいダウンや毛糸のパンツを貸してくれて、家の中はTシャツで過ごせるくらい暖かく、「手足を切らなくてすみそうだ」とほっとした。

トナカイを中心に回る生活

翌朝から、トナカイの世話をする日々が始まった。とはいえ、私がするのは、調教のために家の横で飼われている3頭の餌やりとフン掃除くらい。残り数百頭のトナカイは森に放牧されていて、年に何度か集める以外は自由に歩いている。

　私が滞在した12月中旬は、ちょうど群れを分割して冬営地に移動するためにトナカイを集める時期で、この家の父さんペル・アイルは連日スノーモービルを乗り回してトナカイを追っていた。

「マイナス30度でも風がなければ耐えられる。でもスノーモービルで風を切って動いていると、それはもうしっかり装備しないと凍えてしまう」

　彼はいつもトナカイ皮でできたズボンとブーツを履いているが、どんな化学素材よりもゴアテックスよりもトナカイ皮が暖かいのだと言う。上半身は普段はダウンジャケットを着ているが、マイナス40度になるとトナカイ皮のコートだという。膝まで隠れるそのコートを一度着させてもらったら、肩にどすんとくる重さで私は身動きが取れなかったが、確かにうんと暖かい。極寒の地に住む動物の毛皮は、その土地で生き延びるための性能を備えているのだ。

「普段の寒さで動きやすいのは化学繊維。でも極寒の日に頼

家の横で飼うトナカイに餌やりするスィレ・マリア。そり引きトナカイにするために調教中だ

れるのは毛皮だ」と、柔軟に使い分けている様子が印象的だった。子どももうんと寒い日には「ダウンブーツじゃなくてトナカイを履きなさい」と言われていた。

体の中から外からトナカイ

トナカイは、着るだけではない。

「うちでは、この時期肉といえばトナカイね」

そう言ってスィレ・マリアがガレージの巨大冷凍庫から出してきたのは、血のように濃い紅色の真空パックの肉。山の食料が乏しくなる冬の前に、秋にトナカイをまとめて処理するのだが、その時に小分けにして冷凍しておいたものだ。これを解凍して切って、にんじんやじゃがいもなどの野菜と煮込むとビドスというトナカイシチューになる。

トナカイブーツは暖かく、長い毛のおかげで濡れたり汚れたりしないので、室内でもそのまま履いていられる

山を駆け回っていたトナカイの肉は引き締まった赤身で、臭みはいっさいなく、噛むほどにうまみが感じられる。また、肉自体は低脂肪だが、寒さから体を守るための分厚い皮下脂肪があり、これがすごい。

「脂身が最高なんだよ」

そう言って彼女は、大鍋からぷるんとした塊を探し出して私の器にのせてくれた。この脂身の甘いことといったら！ 舌の上に残ることなくすっきり消えていく。一般に動物の脂身の味は、その動物が食べていたものの影響が大きく出ると言う。森の下草や地衣類を食べてい

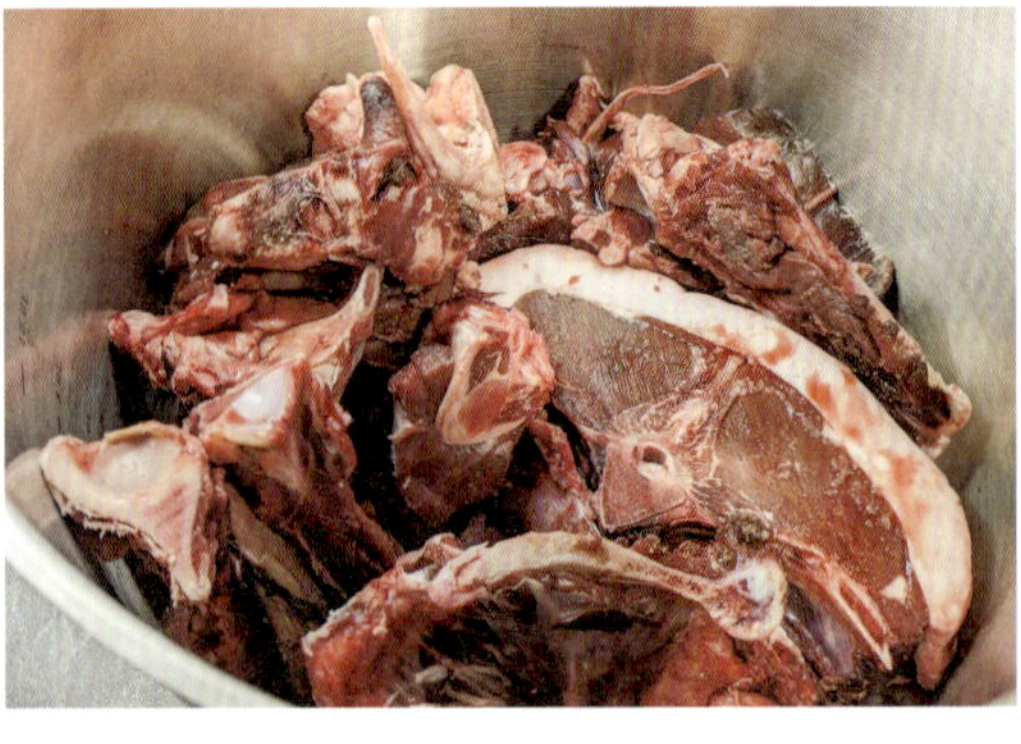

トナカイ肉は血そのもののように色が濃く、真っ白な脂肪層とのコントラストが鮮やか。極寒の地で生活する動物の強さを感じる

ると、こういう澄みきった味になるのだろうか。

しばらくすると、体がうんと暖かくなってきた。シチュー自体が温かかったからかと思ったが、「トナカイ肉、とくに脂身は体を温めるんだよ」とペル・アイルは言う。確かに探検家の植村直己氏の著書でも、北極圏のイヌイットのもとで動物の脂身を食べさせられたら元気になったというような話が書かれていた。トナカイは中から外から温めてくれるのだ。

極寒の極地でも凍らない弁当

さて、ペル・アイル父さんの「弁当」とは一体どんなものなのか。スノーモービルで駆け回っていたら体力は使うしお腹は

トナカイ肉のシチュー、ビドス。小麦粉でつけたとろみで一層体が温まる。夏に摘んだリンゴンベリーのジャムをのせて食べる

すくだろうけれど、一方で食べ物を持って行っても凍ってしまうという現実もある。彼はいつも朝7時前に出て行って夕方17時くらいに戻って来るから、何かは食べているはずだ。

「昼ごはんどうしているの？」

と尋ねると、

「今は14時くらいには暗くなってしまうから戻って来て親戚の家で食べているけれど、日が長い時期や遠くまで行かなければいけない時はトナカイの干し肉を持って行く」と教えてくれた。なるほど干し肉か！　物が凍るのは水分があるからだ。干して水分を抜けば凍りにくい。しかも低脂肪なトナカイ肉は乾燥にも最適だ。

「これをトナカイコートの内ポケットに入れて行けば、ナイ

フで削って食べられるでしょ？」その干し肉を出してきて見せてくれるスィレ・マリア。なるほど、うまくできている。味はビーフジャーキーのようだが、それより塩気が強くて噛み応えがあるので、少量で満足できそうだ。火をおこせる環境であれば、お湯を沸かしてこの干し肉を削り入れて、スープを作ることもできるという。トナカイを追い、トナカイをまとい、トナカイを食べる。極地の環境の中で生きてきた人たちにとって、トナカイは単なる収入源ではなく生きる糧なのだった。

トナカイの干し肉は、骨や毛がついたまま。これをナイフでそいで食べる。命の形を感じる

子どもたちの弁当の今

ところで、トナカイ放牧はサーミ人だけに許された特別な職業で、誰でもなれるわけではない名誉なものだが、時代の中で変化もしている。

「子どもたちは将来トナカイの仕事を継ぐの？」と母さんに尋ねると、

「長男は外の仕事が好きじゃないね、長女は才能があるかもしれないけど、本人がなりたいかどうか」とため息をつく。

今やノルウェーのサーミ人の中でもトナカイ放牧に従事するのは1割程度。漁労など他の伝統職業に就く人もいるが、街の仕事を選ぶ人も少なくない。

この家の3人の子どもたちは街の学校や幼稚園に通うが、そこに持って行く「弁当」は、トナカイの干し肉ではなく、パン。ノルウェーにはマートパッケ（Matpakke）というきわめて質実剛健なサンドイッチ文化があるのだが、それはここでも健在。フランスパンを太らせたような形の全粒パンの塊をスライスして、ハムやチーズやスプレッドを塗り、その片面サンドの間にワックスペーパーを挟んで重ねて箱に入れてる。小学校に通う二人の子どもの分を毎朝作るのも私の仕事だったが、所要時間5分。それぞれ4枚ずつ持って行くので好きな具材の希望を聞くが、お兄ちゃんはハムチーズスプレッドが好きで、妹はサラミのとチーズのを2枚ずつ。いつも同じだと飽きるだろうから、初めは何か違うことをしようと思ったが、「マートパッケはシンプルでなければならない。ハムだけ、チーズだけはよいけれど、ハムとチーズ両方のせたらやりすぎ」なんて冗談みたいな本当の話も聞き、ルーティンに徹することにした。

子どもたちはトナカイ肉も食べるけれど、パンも大好きで、朝ごはんも昼ごはんも、それから夕飯後にもパンを食べる。スーパーに行くとチューブ入りのスプレッドが各種並んでいて、ハムチーズ味、魚卵マヨ味、サバトマト煮味など種類豊富。先住民学校に通うこの子たちも、オスロの街の子たちと同じように、マートパッケで育つのだ。

森のトナカイ干し肉、街のマートパッケ。はたして彼ら彼女たちは、10年後どこでどんな「弁当」を食べているのだろうか。

パンをスライスしてマートパッケを作る。パンの周りに置かれているのは左から、ワックスペーパー、ハムチーズスプレッド、塊のチーズ

お兄ちゃんの大好きなハムチーズスプレッド。片手で絞れて効率的

手軽なランチタイムの定番、サンドイッチ。家から持参するものの他に、作りたてを食べるのも。挟んでもらったばかりのあつあつにかぶりつくのは、また格別のおいしさだ。

サンドイッチ

アルゼンチン
肉が焼ける間にチョリパンを

鉄板でグリルしたチョリソーを白いパンに挟み、チミチュリという酸っぱいハーブソースをたっぷりかけたファストフード。さすが牛肉大国、粗挽きのチョリソーはまるで肉そのものを食べているような満足感だ。バーベキューで肉が焼けるのを待つ間の「前菜」として食べたり、サッカー観戦のお供にしたり。

チミチュリは、パンに染み込むほどたっぷりと

フランス
かじりながら歩くバゲットサンド

30センチほどでずっしり、でもつい食べてしまう

シンプルな材料にして、どうしてこんなにおいしいのでしょう。上顎が切れるほどにパリッとしたバゲット、バターかと思うほどにクリーミーなチーズ、ふわっと口の中で溶ける薄切りハム。すでに挟んで売られているものもあるけれど、ブーランジェリー（パン屋）で挟んでもらう出来たては格別。かじりながらパリの街を歩けば、気分はパリっ子。

パリの街角は至る所にパン屋（ブーランジェリー）が

街なかで買って路上でぱくり

世界の

ベトナム

朝の屋台でバインミー

バゲットサンドのベトナム版。フランス植民地時代に持ち込まれたものが発展して、さくっと軽いバケットにベトナムソーセージなどを挟んだローカル食文化になっている。もっぱら朝食に食べるもので、朝だけ登場する路上のバインミー屋もたくさん。

朝出勤がてら、屋台で好きな具を挟んでもらう

菜食者向けの精進バインミーも

サンドイッチだがフォークで食べる

インド

パンが中に？ブレッドオムレツ

サンドイッチといえばパンで具材を挟むものだけれど、これはパンが卵に挟まれてしまうのがおもしろいところ。鉄板に卵液を広げて食パンを2枚のせて、薄焼き卵で包み込むようにして畳んでいく。作る手際を見ているのも楽しい、ムンバイ生まれのストリートフードだ。

インド屋台の職人芸は何度見ても感動する

街なかで買って路上でぱくり

世界のサンドイッチ

台湾

三種の具材をひと口で！ 三《サン》明《ミン》治《チー》

一見日本のコンビニサンドのように見えて、食パン4枚の間に具材3種類という欲張り設計。台湾らしさを感じる具材は甘い肉でんぶ。大口を開けてかぶりつくと、三つの味が一気に口に入り、甘くてしょっぱい意外な組み合わせが相性抜群。しっとりやわらかなパンは恐ろしいほど一瞬でなくなっていく。

目玉焼きと肉でんぶとハム

朝の店頭には各種具材の入った三明治が並ぶ

オランダ

寿司のような生ニシンサンド

オランダらしいニシンの食べ方は二通りで、しっぽをつまんで天を仰いで口に入れるか、丸いパンに挟むブローチェ・ハーリングか。脂がのった軽い塩漬けのニシンは寿司ネタにしたくなるが、パンに挟む発想は、さすが毎日チーズサンドを食べるオランダ人？

たまねぎのシャープな味わいが魚臭さに合う

魚屋の屋台は、週末の市場や駅前に出現する

台湾

ネーミングにびっくり 大《ダー》腸《チャン》包《バオ》小《シャオ》腸《チャン》

これぞアジアのホットドッグ？

台湾の夜市にて、「大腸包小腸」の文字を見かけてぎょっとしたのが出会い。炭火で二種類のソーセージを焼き、餅米のソーセージ（大腸）に甘い台湾ソーセージ（小腸）を挟んで渡してくれた。甘い肉汁、高菜の酸味、ピリ辛ソース、それらを吸った餅米。絶妙なバランスで、台湾屋台でもう一度食べたいものナンバーワンだ。

漢字のメニューは想像するのも楽しい

シンガポール

アイスもサンドイッチに!?

シンガポールの路上でアイスの屋台を引いて歩いている人がいたら、アイスクリームサンドイッチのチャンスかもしれない。四角いブロック状に切ったアイスを食パンに挟んで渡してくれるのだ。照りつける太陽の下でアイスはみるみる溶けて、パサパサのパンに吸われていく。最も短命なサンドイッチだろう。

パプアニューギニア

バナナがホットドッグに!?

バナナの黄色は自然の色で鮮やか

調理用バナナは甘くなく、主食として食べられるものだけれど、まさか本当にパン代わりになるとは。お金を渡すと、積まれた造形をビニール袋に入れてくれて、その形はバラバラになる。バナナとソーセージを交互にかじると、かけすぎと思った塩が意外にもちょうどいい。

バス移動の途上、道端の露店に積まれている

忙しい現代、弁当を家から持参するのではなく食事を街で買うことも多いもの。

ストリートフード

世界の街角でたまたま出会った食事のうち、特に売り方に惹かれたものを紹介します。

インドネシア
三角の包みご飯 ナシブンクス

朝の街を歩くと、路上屋台に並ぶ三角の紙包み。一つ買って開くと、中にはご飯と袋に入った鶏肉のおかずが。これはナシブンクスといい、直訳すると包みご飯。おかずは何種類か選べる。紙の内側は撥水加工されており、広げたその上で食べられて機能的。もともとは葉っぱを使っていた。

汁気の多いおかずも袋入りで安心

オランダ
壁の自販機から クロケットを買う

オランダの軽食クロケット。日本のコロッケに似ているが、形は円筒形でじゃがいもを使わずクリームベース。ユニークなのが、その買い方。クロケットは家で作る物ではなく、ファストフード店や駅中売店の壁の自販機から買うのだ。店員を介さずいつでもあつあつがすぐに買える。合理的といわれるオランダ人らしい発想だ。

補充は自販機の裏側で人が行っている

ペルー
出勤前に屋台で 朝食を調達

首都リマの街を朝歩くと、あちこちの路上に手押し車の屋台が。軽食と飲み物を売っているようだが、目を惹くのが飲み物の種類の多さ。キヌアや雑穀の甘いお粥のようなもの、豆乳にオーツミルク、スーパーフードのマカまで。温かいのをコップやペットボトルに入れてくれて、寒い朝は特にしみる。

ここで飲食する人も、仕事に向かう人も

タイ
ビニール袋があれば 弁当箱いらず

タイ屋台で見惚れてしまうのが、芸術的なビニール袋技。空気をパンパンに入れて口を輪ゴムで止めてくるっとひねって、惣菜でも漬物でもスープですらも風船のように袋詰めしてしまうのだ。屋台文化が発達しているタイは、弁当はもちろん、単品おかずや食材セットを買うこともできて便利。

ずらっと並んだ各種スープやおかず

道端で食事を調達する ＞ 世界の

韓国

遠足弁当も普段の日もキンパ

韓国海苔巻きとも呼ばれるキンパは昔から弁当の定番で、今も遠足の日は親の手作りキンパ弁当らしい。具材の栄養バランスがよく、普段の日にも便利で、駅や市場など至る所で売られている。海苔にごま油が塗ってあるので、食べるのは手ではなく添えられた割り箸で。

ハーフサイズの細巻きコマキンパも種類豊富

メキシコ

朝タコス、昼タコス、夜タコス！

メキシコのストリートフードといえば、タコスだろう。とうもろこし生地の皮に具材をのせ、サルサをかけてかぶりつく。路上には朝から深夜まで屋台が並び、お腹を空かせた人々が足を止める。一つが小ぶりで好きなだけ頼めるので、小腹が空いた時にも腹ペコの時にも。

肉やサボテンをその場で焼いてのせてくれる

受け取った瞬間に食べる。持ち帰りなどできない

インド

わんこそばのような路上瞬間グルメ

パニプリは、屋台限定のインドスナック。ピンポン玉大の薄い揚げボールに茹でじゃがいもなどを入れ、香草入りの甘酸っぱ辛い液で満たしたのを小皿で受け取り、一口で。パリパリが失われないうちに食べ、わんこそばのように一つ食べてはおかわりする。このライブ感こそが屋台の醍醐味。

ウズベキスタン

石窯でパリッと焼くサムサ

道端で穴に潜り込んでいる人がいる……と思ったら、縦型の石窯に身を乗り入れてサムサを焼いているのだった。油を織り込んだ小麦粉生地に挽肉とたまねぎのあんを包み、手のひら大の団子と薪で熱した窯の内側に貼り付ける。焼きたてはパイのようにさくさく、火傷するほど熱くて肉汁があふれる。学校帰りの子どもたちが買っていく。

窯の中は高温なので、上着と耐熱グローブ着用

column

市場のご近所デリバリー

アルミの丸盆であつあつをお届け

弁当を持参している人を探すにはどこに行けばいいか。市場だ。

もともと弁当を家から持参するのは、出先で食べ物を入手するのが難しい状況があったからだろう。容易にどこでも食べ物が買える現代、持参する必要性は低くなったが、例外の一つが市場だ。大抵の場合一人でお店を切り盛りしていて、持ち場を離れて食べに行くことも買いに行くこともままならないからだろう。商品の棚の後ろで弁当を食べる売り子さんは、客が来るとさっと立ち上がって接客し、去ると続きを食べ始める。店番しながら持参弁当を食べるのは、きわめて理にかなっている。「市場＝弁当」を知ったのは、ブータンでのことだった（P.20）。

ところが市場の食事には、もう一つ興味深いパターンがある。「ご近所デリバリー」だ。生鮮食料品専門の市場よりも、商店街のように多業種な環境でよく見かけるのだが、近隣の店から出来たての料理を届けてもらうというものだ。ここでいう近隣というのはうんと近くて、斜向かいや数軒隣り、遠くても同じ市場内。デリバリーバイクは使わず、湯気の上がる丼をアルミの丸盆に乗せ、肩に担いで運んで来るのだ。

届けてもらえれば、店番を離れることなく、温かい料理を食べられる。昼前後の市場を歩くとしばしば遭遇し、どこに行くのか何を運んでいるのか気になってつい目で追ってしまう。

韓国の市場を歩いていた時は、お盆の上に埃よけにかけられた新聞紙の隙間から、青唐辛子の小皿がちらりと見えて、やはりあの付け合わせは外さないのかと感心した。

ヨルダンはじめアラブ諸国の市場では、食事だけでなくシャイ（紅茶）を届ける光景によく遭遇する。朝に晩に何度も飲むからだろうか。六つのグラスが入る取っ手付きグラスホルダーを左手に、保温ポットを右手に持ち、馴染みの客の店を訪れ次々シャイを置いていく姿は、新聞配達を思わせる。受け取る方は雑談するだけでその場でお金を渡さないから、まとめて払う契約になっているのだろうか。どんな仕組みなのか聞いてみたいとずっと思っているのだが、届ける人は動きが早くていっこうに捕まえられない。

ご近所デリバリーは、温かい食事を届けるだけでなく、仕事の合間の楽しみやおしゃべりを届けているような気がしている。その裏側が気になって仕方ない。

第2章

スタイルに注目
世界のお弁当

弁当も食事もガラス棚からセルフで

おかず棚

インドネシア

日の出前に料理開始

バリ島の朝は早い。日の出前の5時台には人の声が聞こえ出す。滞在していたのは、ビーチから離れた静かな村に住む一家のもと。起きて台所に向かうと、すでに朝食の支度が始まっていた。

「おはよう。よく寝た?」

台所にはマデイ母さんが立っていた。この家は、マデイと夫のシラ、娘のタントリ、そしてシラの両親の5人暮らし。台所仕事は主にマデイと義母が担っていた。

この日のおかずは、バナナの茎とチキンのスパイス煮。昨晩台所の隅に置いてあった丸太のようなものは、バナナの茎。食べ物だったのか。

「若い茎は野菜として食べられるんだよ」

そう言いながら、バナナの茎をスライスするマデイ。アクが強いので、水にさらしてから料理するのだ。これを鍋に入れ、鶏肉も入れ、ブンブと呼ばれる自家製のスパイスペーストを投入し、煮る。

外の台所では、薄暗いなか義母が鍋でご飯を炊いている。朝

外の台所でご飯を炊く義母。一家の一日分プラスお供えの分をまとめて炊くので、その量はなかなか

からしっかり料理するなあと驚いていたら、早朝に一日分の料理をまとめてするものなのだと知った。朝昼同じものを食べて、まだ残っていたら夕飯も同じものを食べる。

料理が出来上がった。炊き立てのご飯を皿によそい、バナナの茎とチキンを煮たスープをかけて、手で食べる。バナナの茎はほのかな苦味があるものの、鶏肉の甘みとスパイスの辛味でちょうどいいバランスだ。

バナナの茎をスライスしてさらす。苦味があるが、水にさらすと抜けて、シャキシャキした食感だけが残る

リゾートだけではないバリ島

アジアのビーチリゾート、バリ島。日本人の旅行先としても人気だ。バリ島のことはよく知っていても、バリ島がインドネシアだということを知らない人は案外多い。首都ジャカルタから飛行機で2時間、隣の島である。

かくいう私も、バリ島と言えばサーフィンのイメージしかなかったから、台所探検の行き先としてはさっぱり興味を持っていなかった。それなのに行くことにしたのは、インドネシア出身の友人の強い誘いがあったから。「バリはサーフィンだけじゃないんだよ！　きっとバリ文化好きになるよ！」と言われて、ともかくもついて行くことにした。

着いた瞬間、独特の神聖な雰囲気に惹きつけられた。世界中のサーファーが集うビーチでも、ちょっと小路に入るとお寺があって、街角に石像が立ち、道端

家の寺にお供え。小さく切ったバナナの葉に、ひと口大のご飯と作りたてのおかずを少々のせ、決められた場所に置いていく

には花が供えられているのだ。

　多民族国家といわれるインドネシアは、３００を超える民族があって多様な文化が息づく。その中でバリ島を特徴づけるのは宗教で、人口の86％がイスラム教を信仰するインドネシアにおいて、バリ島はヒンドゥー教が90％を占めるのだ。それも、インドのヒンドゥー教とは異なる発展を遂げたもので、厳密には「バリ・ヒンドゥー」として区別される。歩いていると至る所に像や供物があり、独特の雰囲気から「神々の宿る島」と表される。

　お世話になった家のシラ父さんは真っ黒に日焼けしていて、フリーのサーフィンインストラクター。この島に訪れる世界のサーファーたちがお客さんだ。朝のレッスン後のビーチで待ち合わせ、家に向かった。

　ビーチエリアから車で20分ほどで村に到着。「21年前に建てたんだ」という家は、居間・台所・トイレなどがそれぞれ別の建物になっていて、敷地の一角には家族用のお寺もある。

「この家は新しいからちょっと特殊だけど、伝統的なバリ家屋は敷地内の配置がすべて決まっているんだ。北東の隅に寺があって、儀礼のための空間、人の住む空間があ

って、南西の隅が台所やトイレ」家の形にまで、信仰が反映されているとは。

弁当は棚から セルフサービスで

サーフガイドとして働くシラは、お客さんの予約のあいまに昼食を食べるため、弁当を持って行く。娘のタントリも学校に弁当を持って行く。なのでマデイは、毎日二人分の弁当を用意する。

しかし、彼女が一から十まですべてをやるわけではない。やるのは朝食の支度をして、おかずを「棚」に入れるところまで。その「棚」からおかずを取り出して箱に詰めるのは各人がやることになっている。この家の台所で一番興味惹かれたのは、この「棚」システムだ。

朝ごはんを食べたら、残りは台所の隅の「おかず棚」に入れておく。ガラス製で引き戸付き、虫の侵入を防げる。身支度を終えたタントリがやって来て、透明なプラスチックコンテナを手に取り、引き戸を開けた。詰めたおかずは、昨日の残りのチキンカレー、残り物のチキン、それからミーゴレン(炒め麺)。「バナナの茎スープは?」とマデイ母さんが言うけれど、大好物のチキンカレーがまだあるのだから、目もくれない。ミーゴレンもタントリの好物だ。インスタント麺を炒めるだけで短時間で作れるから弁当に都合がよくて、マデイはよく作るそうだ。弁当を詰め終えたタントリ。ようやく外が明るくなってきた朝7時、学校に向かった。

タントリが詰めたお弁当。右上が好物のチキンカレー。汁気が多いためか肉だけ取り出して入れた

シラも自分の弁当を詰める。

「今はプラスチックコンテナを使っているけれど、以前は自分で作った竹の弁当箱を使っていたんだ」

そう言って自作の弁当箱を出してきて自慢げに見せてくれた。木目が美しく、フォークとスプーンまでついていて、よくできているなあとため息が出る。

「でも、湿度で歪んで開けづらくなっちゃったから、今は使ってないんだ」と苦笑い。天然素材は気難しいものだ。

午後はお供え作り そして踊り

さて、朝に一日分の料理が終わったら、マデイ母さんはその後何をして過ごすのか。ゆっくりできるかと思ったらそんなことはない。夫と子どもを送り出し、掃き掃除などの家事を一通り終えた後は、大きな葉っぱの束とビニール袋いっぱいの花を取り出し、テラスに座って手仕事を始めた。お供えものの花飾りチャナンを作るのだ。ココヤシやパームの葉を使って、角形と花形の形を作る。葉っぱのグラデーションやしなりを利用して、なんとも美しい飾りが出来上がっていく。見よう見まねで私もやりながら、「何個作るの?」と尋ねたら、ちょっと困った顔の笑いが返ってきた。

「毎朝新しいものをお供えするんだけど、角形が25個、花形が25個、それから小さく切ってご飯だけ供えるのが75個。数日分まとめて作っておくんだよ」

とんでもない数じゃないか! 驚いている私に、彼女は続ける。

「神様のいるところに供えるの。昔は火や水のあるところや門など数カ所だけだったんだけど、ガス台やウォーターサーバーなどモノが増えて、『ここにも必

シラの自作弁当箱。精巧な作りで美しい。インドネシアは、他の多くのアジアの国々と同様フォークとナイフではなくフォークとスプーンで食べる

角形のチャナン作り。花は庭から摘んで来る。庭に花が豊富にあるのは、このためなのだろうか

要だね』とお供えの数も増えてきてるんだよ」

近代化の中でお供えが簡略化されるかと思いきや、増えているとは興味深い。

午後になると、タントリが帰って来た。夕方6時頃マデイは朝作った料理を出して来て、さっと一品あえものを作って、みなで夕飯に。食べ終わるなりマデイは、

「踊りの稽古に行って来るね」と村の寺に向かった。来週祭りがあり、そこで踊るための練習なのだという。

「ぼくも明日はガムランの練習に行かなきゃ……」とシラが言う。ガムランはいろんな打楽器を使った民族音楽の合奏で、彼の担当は鉄琴のような楽器。

「ガムランは楽譜がないから、覚えなくちゃいけなくて大変。ぼくは得意じゃないんだけど、選ばれたら断れないからね。マデイも踊りは得意じゃないけれど、女性はみなやらなきゃいけない」

朝から晩まで、信仰のために割く時間の多いこと！　国際的な観光ビーチからほんのちょっと離れただけなのに、外国人観光客が増える中でも信仰や伝統が薄れることなく強く維持されていて、それどころか「豊かになったお金で競うように祭りや供物が豪華になっていくんだ」なんて言うから興味深い。お供えする神様が増えているのも、物質的に豊かになりモノが増えた結果なのだ。

早朝の料理で時間が生まれる

翌朝も、朝早くから料理をする。この日はペペス・アヤム。鶏ひき肉にブンブなどをまぜてバナナの葉に包んで蒸すと、三角形のかわいい肉団子ができる。昨日は気づかなかったのだが、料理したら人間が食べる前に家の敷地内のお寺にお供えしているではないか。そして食事を終えたら新しい

左手前がペペス・アヤム。葉っぱに包んで三角形に蒸したのを開き、ご飯と辛いあえもの（サュール・ウラブ）を添えて朝食に

冷蔵庫に入れて冷たくなった食事は好まれないため、朝に作った料理は棚に入れて保存する。この家では14時間以内に食べ切ることにしているが、ルールは家ごとに違うそう

チャナンを飾る。

あらゆる街角に花が供えられ「神々の住む島」と評される光景は、見ている分には美しくてよいものだけれど、それを維持する生活はなかなか大変そうだ。

朝のお弁当作りは、どこの国でも時間との戦いだと思う。それは、通勤ラッシュの激しい東京でも、供物があふれる静かなバリ島でも同じこと。しかし、一日分の料理をまとめて朝の涼しいうちに終えることで時間が生まれているのは、興味深い工夫だ。早朝料理自体は暑い地域でしばしば行われることで、土地の気候に合っているなと思うが、それだけでなく時間利用の面でも利点がありそうだ。

そうやって生まれた時間を、スマホやタブレットで過ごす時間に充てることもできるけれど、この家では信仰のために費やされている。煩わしいこともあるだろうが、信仰は精神の充足をもたらしもする。効率とか、豊かな時間の使い方とか、考えさせられるのだった。

のんびり南の島国の分け合う昼食

シェアスタイル
トンガ

ゆったり流れる南国時間

「さあお昼にしようかしらね。って、今日もお弁当持って来たのは二人だけ？　オッケー」

いや、なにもオッケーじゃない。どうなっているんだこの幼稚園は。「そんなばかな」と言いたくなるようなお昼ご飯は、南太平洋の島国トンガにあるこの幼稚園の日常だった。

トンガは、人口10万人ほどしかない小さな国だ。その上いくつかの島に人口が散っているから、私の訪れたヴァヴァウ島は2番目に人口の多い島なのに、たった2万人。瀬戸内海の小さな島のようなのどかなところだった。瀬戸内海の島との違いは、色だろうか。家から徒歩15分ほどで行けるビーチは、明るく透き通った水色。ヤシの木が陰を落とす砂浜はまぶしいくらいに真っ白で、南国イメージそのものであった。

さらに南国イメージに拍車をかけたのは、みんなやたらのんびりしていること。滞在先の家庭は親戚同士が寄り集まって生活していて、おじさんやいとこが同居し乳幼児が3人いるのでてんやわんやだったが、村を歩いていると、木の下に座って日がなおしゃべりしている大人の姿をよく見かけた。

ココナッツは人間だけでなく飼い豚の食料にもなる。熟れすぎたココナッツを斧で割って与えるのが、毎朝の仕事。ココナッツは油脂分が多いので、豚を早くおいしく太らせるのに大事なのだ。そして十分太ったら食料になる

伝統的な食文化は、魚、イモ、ココナッツ。海で魚を獲り、畑でその日の分のタロイモやキャッサバを掘ってくる。ココナッツの実を落として中を削ってココナッツミルクを搾り、それで魚やイモを煮る。いずれも貯蔵する必要がなく、一年中食料が手に入る。しかも魚はすぐそこのビーチで獲れるものの「めんどうなんだ」とサバ缶が大活躍。ずるいくらいにのんびりしている。

とはいっても、木に登るのは私にはできない高等技術だし、畑作業だってけっこうな力仕事なのだけれど。いつでも食料が

手に入る安心感が、ここの生活の時の流れをゆったりしたものにしているようだった。

幼稚園児に勝てない

ある日、幼稚園に行くことになった。この家の家族の一人アヤミハは、1歳の息子の母であると同時に幼稚園の先生で、彼女に「子ども好きでしょ？一緒においでよ」と誘われてついて行くことにしたのだ。

幼稚園に着いたのは8時半。ここは幼稚園から中学校までが一カ所に集まっていて、三歳児からティーンズまでがかけ回っている。見慣れぬ東洋人の姿を見ると、特に小さい子たちは好奇心むき出しで寄って来た。1メートルくらい離れて私を取り巻き、凝視して来る。居心地が

幼稚園での昼食風景。2人が持って来たチャーハン弁当を10人で分けて食べる

悪くて、じっと見つめ返して目線をそらしてくれることを期待したが、彼らは動じない。やれやれ子どもは残酷なまでに好奇心に素直だ。

鐘がなり、一日が始まった。小中学校の子どもたちは教室で授業だが、幼稚園の子たちは遊ぶのが学びだ。この日は8時半から外遊び、10時半から中遊び、12時半で終了というスケジュール。中学生は午後まで授業があるけれど、幼稚園児は昼までなのだ。

園庭に出て、最初は散歩した。しばらくしてアヤミハに「何か遊び知らない？」と聞かれて、鬼ごっこをすることにした。小さい子たちだからと甘く見ていたが、日頃ヤシの木に登ったり海に飛び込んで遊んでいる子た

ちは鍛え方が違う。本気で二時間走ることになり、うんと疲れた。「休憩だよ」と言ってアヤミハが園庭の隅にみなを座らせ始めた時は、ほっとした。

弁当を持って来ない弁当タイム

地面に座ってひと息ついたところで、アヤミハから提案。

「お昼ご飯にしようかね」

正式な昼食というよりは軽食だが、小さい子どもたちなので10時半に間食があるのだ。そして12時半には帰宅するから、実質これが幼稚園でのお昼ご飯のようなもの。子どもたちは家から食べ物を持参することになっている。

そこでアヤミハが言ったのが冒頭の言葉であった。

ちょっと待ってよ、2人しか持って来ていないって。しかもその2人は同じ家の双子なので、実質一軒だ。クラスは10人いたが、他の子は一切持参なし。

「食べ物を持って来ることになっていても、親が持たせないこともあるんだよ」と言う。お金がないとか家の方針だとかではなく、ただのんびりしているのだという。いやそんなことあるかい。

8人の子たちはお腹空いちゃうなとそわそわしながら見守っていたら、奇妙なことが始まった。食べ物を持って来た2人は、リュックから出したアルミホイルの包みとクラッカーの袋を、自分で食べるのではなく、アヤミハ先生に渡したのだ。受け取ったアヤミハは、包みを開け、中の炒め飯（まるで卵チャーハンだ）をクラッカーに挟んで子どもたち全員に配りだす。

え？　ちょっと待ってよ。確かに二人分にしてはだいぶ大きな包みだなと思ったけれど、このチャーハンは持って来た子のもので、他の子に分配する義理はない。持って来なかったのはその家の責任なのに、なぜ全員にシェアするのか。

しかし動揺しているのは私一人で、チャーハンを持って来た2人の子どもも他の子どもたち

2人の子どもがリュックサックから取り出した炒め飯。確かに幼稚園児一人分の包みにしてはやや多いけれど、わざわざ多めに持たせていたとは

も、当たり前の顔をして平等に一切れのチャーハンサンドを食べている。どういうことだ⁇ チャーハンをクラッカーに挟むという未だかつて見たことのない不思議な食べ方も、イモ食文化のこの島で米を見るのは2回目だという珍しさも、もはやまったく気になる暇もない。

するとアヤミハは語る。

「シェアすることは、トンガ文化で最も大事にされることの一つだよ。食べ物を一人で食べるのは悪いことだし、この2人の親も『うちの子が食べ物を多めに持って行ったら必ずみんなに分けてね』と言っているの」。

シェアで成り立つ食事文化

シェアすることは、トンガ文化で最も大事にされることの一つ、か。確かに、分け合うことと助け合うことは、生活する中でしばしば感じた。彼らが子どもの頃から教わるトンガ人心得のようなものがあるのだが、シェアはその四箇条の一つでもあり、隅々まで行き渡っていた。小さな子どもですら、キャンディやスナック菓子をお小遣いで買うと、一人占めしないでその場にいる友だちにいつも分ける。私も何度キャンディをもらったことか。決まって半分溶けていたが。

人の家にうっかり食事中に訪れると「一緒に食べる？」と誘ってくれるし、食事時じゃなくても「ご飯食べた？」と気遣われる。瀬戸内海の島くらいの小さな村社会だからなのか、食べ

食べ物を学校で買うというオプションもある。朝学校に行くと、その一室で軽食が売られている。アメリカンドッグなどの揚げ物や砂糖たっぷりのカップケーキ。子どもはもちろん好きだけれど……

物に困らないほどいつでも実りがあるからなのか。わからないけれど、とにかく深い安心感がある。「お金がなくても飢えないよ」と冗談めかして言うけれど、その言葉はあながち冗談ではないと思う。

シェア文化は弊害も

しかし。シェア文化もよいことばかりではない。親が子どもに弁当を持たせないことは先述の通りだが、小学生になると、お金を持たせて買い物させることも多い。そんな子たちのために、学校の周りには、スナック菓子なんかを売る雑貨店がちゃっかり並んでいるのだ。お金を握りしめた小学生たちは袋入りのインスタント麺を買いに行き、それを袋のまま叩いて砕いてパリパリと食べる。一人で食べるのはよくないので、一緒にいる友だちにシェアする。みんなでインスタント麺をベビースターのように食べる。別の子がブレッドフルーツを揚げたもの（フライドポテトに似ている）を買って、それもシェアして一緒に食べる。誰かがポテチを持って来る。みんなで食べる。

中学生女子たちの昼食風景。学校の近くの雑貨店でインスタント麺とコーンフレークを買い、砕いてシェアして木陰で食べる。談笑しながら楽しそうだ

トンガの人口に占める肥満者（BMI30以上）割合は77・1％で、世界トップクラス（2017年、世界肥満連合（WOF））。もともと遺伝的に体格が立派であること、オーストラリアやアメリカなどから安価で高脂質な食べ物が流入するようになったことなどが理由として挙げられているが、それ以外にも彼女らは理由を主張する。

「食事もおやつも、一人で食べるのはよくないでしょ。誰かが食べていたらみな一緒に食べるもの。だから、食べ過ぎになるんだよ」

複雑な気持ちになりながら、笑うしかなくて笑った。

シェアするから太るというのはさすがに単純化された話だと思うが、一抹の真実もある。子どもたちに分けてもらわなければ、私もインスタント麺やスナック菓子に手を出し、その刺激的なうまさを知ることはなかった。イモだけ食べて十分満足できていたのに。

先生の昼食もシェア

ちなみに、この日幼稚園について行った理由はもう一つあった。「同僚がウムを食べたいっていうから、お昼に持っていくんだ」という話がアヤミハからあったのだ。ウムというのは、地面に穴を掘って石を焼き、その穴に肉やイモを入れて石の熱で蒸し焼きにするという調理法。トンガの伝統料理で、かつてはどの家でも毎日のように行っていたそうだが、手間がかかるので今は日曜日だけのものになっている。

学校の廊下でウムを食べる先生たち。イモの入ったバケツもキャベツ煮の寸胴も、アヤミハの家族が車で届けてくれた

アヤミハの家はみなウムが好きなのと手間を厭わない人たちなので、平日もしょっちゅうウムをする。イモも塊肉もパパイヤのココナッツミルク煮もよいが、中でもタロイモの葉でコンビーフとたまねぎとココナッツミルクを包んで蒸し焼きしたルーという料理は絶品。同僚たちは、アヤミハの家ではウムをやることを知っていて、「ねえルー作って来て」とリクエストしたのだ。図々しく聞こえるが、頼り頼られることもシェア文化の一部なのだろう、きっと。

子どもたちを見送り終えたところに、家族が車でやって来てウムを届けてくれた。バケツにゴロゴロと入った巨大な骨付き鶏肉はテカテカと輝いている。もう一つのバケツにぎゅうぎゅう詰まったキャッサバ（イモの一種）は、肉汁を吸ってこんがり色づいていい匂いだ。家族は「ルーは作る余裕がなかったんだ」と申し訳なさそうに言いながら、代わりにキャベツとコンビーフのココナッツミルク煮を鍋いっぱいに作って来てくれた。私たちの「弁当」だ！

私と同じくらい首を長くして待っていた十人ほどの先生たち。子どもたちが帰った後の外廊下にベンチを並べ、どこからか皿も持って来て、先生たちの昼ご飯が始まった。一つ500グラムほどもあろうかという巨大な骨付き鶏もも肉を一つ、前腕くらい太いキャッサバを一つ、それからキャベツ煮を少々、皿にとる。大きな塊をみんな食べるから、バケツいっぱいの食べ物も事なく消えていく。そして食べ終えると「ありがとう」と言って去って行った。その去り際の軽やかなこと。しっかり感謝はしつつ、過剰に恐縮しない感じ。シェアスタイルが板についている。

畑の作物もシェア

食事のシェアはこれで終わりではなかった。帰宅するなりアヤミハは、葉野菜を育てる小さな畑に向かった。イモや豆以外を育て始めたのは最近のことで、まだ収穫は少ないが、それでも小さなチンゲンサイやほうれん草ができている。その中からキャベツを探して、一つ二つ三つ……と収穫していく。

「そのキャベツどうするの？」と尋ねてみた。

「お昼に食べた同僚の何人かが、おいしかったからキャベツを分けてほしいって言うの。だから明日持っていくんだ」

畑のキャベツまでシェアするのか！

シェア文化は聞こえはいいけれど、与え続けるのも大変だ。あげすぎて自分の分がなくなったり家族に怒られたりしないようになんて余計な心配をしながら、そんなことを考えている自分のケチさが恥ずかしくなるのだった。

地中でじっくり火を通したキャッサバは、こんなに太くても中までほくほく。キャッサバにチキンにキャベツ煮、なかなかな量だがみんなよく食べる

三段ランチボックスの用途は弁当以外？

ダッバー
インド

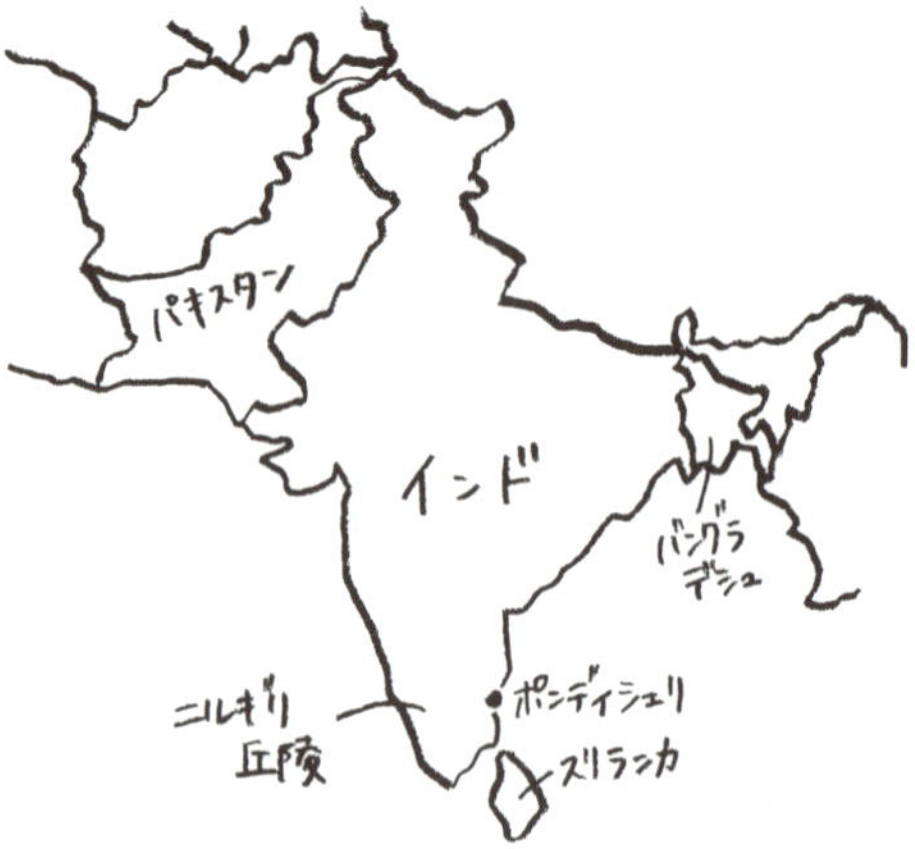

インドの弁当箱といえば三段重ね

弁当ファンの方ならば、「インドの弁当箱」と聞いた瞬間、あれが思い浮かぶのではないだろうか。三段重ねのステンレス製、ハンドルがついて持ち運べる、かわいいあれだ。

ヒンディー語でダッバー(Dabba)と呼ぶらしいと知ったのは、映画のタイトルからだった。「めぐり逢わせのお弁当」という邦題で有名になった映画は、原題「Dabba」。昼時のムンバイで、手料理の入ったダッバーを引き受けてオフィスワーカーの職場などに配達するダッバーワーラーの仕事を題材にしたものだ。彼らはＩＴを使わぬシンプルにして精緻な仕組みのもと、出来たての弁当を預かって正確に届けるという職人芸を毎日やっているのだ。インドの弁当文化は、独自で高度なものに発展していそうだ。

ちなみに、この原稿のために複数のインド人に話を聞いていて知ったのだが、単にダッバーというと様々な形のステンレス製の容器全般を指し、三段重ねのもの以外にも、豆や米を蓄えておくバケツ大のものや一段だけのものなどいろいろあるようだ。確かに、インド家庭の台所には銀色に輝く容器が各種並んでいる。あれらも全部ダッバーか。映画に出てきた三段重ねのものは「ティフィン・ボックス(軽食の容器)」「ティフィン・ダッバー」などと呼ばれるらしい。ここでは「ティフィン・ダッバー」と呼ぶことにする。

南インドに行くにあたり、どんな弁当に出会えるのか、楽しみにしていた。あの映画の配達システムはムンバイ固有のものだということなので、見られないだろうことは想定していた。でもあの弁当箱自体は使われているはず。どんなものを入れるのだろうか。どうやって持っていくのだろうか。期待が高まっていた。

ところが、1カ月滞在しても、あのティフィン・ダッバーを使う人にはいっこうに出会えなかったのだ。

三段ダッパーは大きすぎ？

訪れたのは、インド南部のタミルナードゥ州、ニルギリ丘陵地域。お茶の産地であるこの地域は、どこもかしこも急斜面。標高は高いところでも2000メートルほどでさほど高くないのだが、とにかく坂が多いので、日常生活が筋トレだ。インドの中でも特にここにやって来たのは、先住民族の今の食を知りたかったからだった。

左に見える集落が、ヴィメラたちの住むところ。このあたりは丘陵地帯で、畑は急勾配、学校に行くにも隣の集落に行くにも坂道だ

先住民族といっても、日本のアイヌやオーストラリアのアボリジニと違ってインドの先住民族は一つではなく、国に公式に指定されているものが700以上あるというのだから驚きだ。全人口の8・6%、数にして約1億人ほどが先住民族（部族問題省、2011年統計）。必ずしも特殊でまったく生活様式の異なる人々というわけではなく、多民族国家インドをなす民族のうちの一つという印象であった。

お世話になった家庭は、妻ヴィメラと夫のプラシャント、4歳の娘、それからプラシャントの母の4人暮らしだ。ただし広場を囲うようにロの字に家が並んでいて、隣近所の関係がとても近く、しょっちゅう近所の人が軒先や家の中にいたから、もっと大家族のような感覚だった。

彼らはイルラという先住民族で、私にとってよかったのは、

朝食のミレットチャパティ。二種類のチャトニ（ソースのようなもの）、ひよこ豆の炒めたものと

みな背が低いこと。なぜ低いのかはわからないが、遺伝か環境かでそうなっているのだろう。身長148センチの私が視線が合う人が多くて、ここは故郷なんじゃないかというほど安心感があった。

　イルラ族はもともとは農業や森仕事を担う人たちだったようだが、今は街に働きに出る人も増えていて、ヴィメラは看護師、プラシャントは家のペンキ塗りの仕事をしている。私が到着したのは金曜夜。プラシャントは「明日は休みだから森に連れて行ってあげるよ！」と言っていたのだが、翌朝起きると「依頼があったから仕事に行かなきゃいけない」と申し訳なさそうに言ってきた。

　ヴィメラは、6時前に起きて朝食の支度をしていた。

「チャパティは普通は小麦粉で作るんだけど、ミレット（雑穀）で作るとヘルシーなんだよ」

　そう言って、雑穀のチャパティを焼いてくれた。焼き立てを皿に乗せて渡される。夫や彼女の分がよそわれるのを待っていたが、

「待たないで食べなさい！」

とヴィメラは言う。夫は出かける支度をしているし、ヴィメラはたぶんみなが食べ終えてから食べるのだろう。仕方ない。ちょっと居心地の悪さを感じながらもかぶりつくと、素朴な穀物の香りが鼻に抜けて、噛むほどに深まる味わいに夢中になってしまった。

　ふと顔を上げると、プラシャントが台所に立ち、ヴィメラの横で何やらしている。見ると、銀色の円筒容器にご飯を詰め、同じく銀色のコップ型容器にはスープを注いでいる。ダッバーだ、弁当だ！

　何のスープだろうと鍋を覗き込んだら、

「ひよこ豆と大根のサンバルだよ。ちょっと食べる？」とヴィメラは私のチャパティの皿に注いでくれた。サンバルというのは、豆と野菜の入ったスパイススープで、南インドの食事の基本だ。昨日の残りではないか

ら朝作ったのだろうけれど、一体いつの間に。昨日のはやとうりのサンバルも良かったけれど、大根入りのはどこか味噌汁のような懐かしさがあり、ほっとした。

　私がのんびり味わっているうちに、彼はご飯とサンバルの容器それぞれに蓋をしてリュックに詰めた。4歳の娘がウォーターボトルを満たしてパパに渡す。

「それだけ？　三段重ねのティフィン・ダッバーは使わないの？」と尋ねたら、笑いが返ってきた。

「あれは一人の弁当には大きすぎる。このサイズがカバンに収められて便利だし、これで十分！」

プラシャントのダッバー。こんなに粗野な作りなのに、汁物を入れてもこぼれないというのだから不思議だ

ええ、そんな。まあでも、確かに十分だ。彼は急いでチャパティを食べ、ダッバーの入ったリュックを背負って出かけて行った。

弁当以外の用途

その後の滞在でも、ティフィン・ダッバーを弁当箱として使う人には出会わなかった。代わりにしばしば遭遇したのが、食べ物の持ち帰りやテイクアウト容器としての使い方だ。

　南部の街ポンディシェリに暮らす別の家庭に滞在していた時だが、この家のパドマ母さんが、友人に昼食に呼ばれた。私もお

ご飯とサンバルを別々に入れたプラシャントの弁当箱。本当に白米をよく食べる

ヴィメラが用意したご飯とサンバルを、自分のダッバーに詰めるプラシャント。朝食を作りながら弁当の支度も同時並行で。朝の台所は忙しい

相伴にあずかることになり、約束の時間に訪れたら、テーブルいっぱいの食事を用意して待っていてくれた。

具沢山のサンバル、ラッサム（酸っぱくて胡椒の効いたスープ）、プリオダライ（タマリンド入り炒め飯）、それからドラムスティックというオクラ似の野菜をマスタードペーストで炒めたものなど。マスタードペースト炒めはパドマの好物で、台所に立つ友人氏は「あんたのために作っておいたよ」なんて笑ってる。

ぱっと見は、黄色いざらざらのクリームをまとったオクラ。マスタードシードを水に浸してやわらかくし、他のスパイスと一緒にミキサーにかけてペースト状にしたもので炒めるのだそうだ。食べ慣れた粒マスタードよりまろやかでクリーミーさすら感じる味わいに、ついもう一口とおかわりしたくなる。

だが、何品もの料理を作ってくれたので、お腹いっぱい食べてもまだたっぷり余っている。すると彼女は「持って帰る？」と言って棚からティフィン・ダッバーを取り出し、テーブルの上に残ったものを詰め始めた。一番下の段はご飯もののプリオダライ、二段目は汁物のサンバル、三段目はマスタードペースト炒め。容器が大きいので、詰めるというより「入れる」という感じ。マスタードペースト炒めなんかは、容器の真ん中にちょんと行儀よく鎮座した。三つ重ねて金属のバックルを締め、彼女は笑顔とともに渡してくれた。パドマは「近いうちに容器

返すね」と受け取って家を後にした。

また、近所の食堂から料理をテイクアウトするのにも使われた。「角《かど》の店に行って来て」とパドマが夫に頼んだ時は、「ダッバーを持っていって」と空の容器を託していた。しばらくして帰って来た彼の手には重くなったティフィン・ダッバーがあり、それぞれの段にチャパティ、ダール（豆スープ）、ポリヤル（野菜炒め）が入っていた。その使い方が、昔の出前のどんぶりのようでもあり、最近のマイバック・マイ容器のようでもあり、こういう場面で使い捨て容器を使うことに慣れきっていた自分には新鮮だった。

プリオダライをティフィン・ダッバーに詰めるパドマ友人。それぞれの段に蓋はないのだが、バックルでがっちり締めると液漏れしないそう

そういえばインドでは2022年に、使い捨てプラスチック容器の使用を禁止する法律が施行された。

「ティフィン・ダッバーがあれば困らないし、ゴミが出ないからいいね！」と言ったら、

「うちはそんな法律の前からずっと使ってるけどね」

とパドマに苦笑いを返され、ちょっと恥ずかしくなった。

昔も今も根強い インドの弁当文化

それにしても不思議だ。三段重ねのティフィン・ダッバーは大きすぎるのか。確かに、パドマの家のティフィン・ダッバーは、一家全員分の食事が入るくらい大きかった。あれを一人分の弁当として持って行くのは、ちょっと大袈裟だ。ひょっとして、体を使う仕事の人だったらあのサイズでもちょうどいいのか。あるいは、もっと小さい一人分のティフィン・ダッバーがあるのではないだろうか。かの映画を見返してみると、パドマのよりひと回り小さいようにも見える。ティフィン・ダッバーの謎は未だ解けないままだ。

ただ一つ言えるのは、容器は

何であれ、インドは弁当を持っていく習慣が強くあるということ。インドを移動すると、しばしばカバンから食べ物が取り出されるシーンに遭遇する。長距離電車ではアルミホイルに包まれたチャパティとタッパー入りのカレーを取り出したおじさんが分けてくれたし、西部を夜行バスで移動した時には家の方がテプラ（平焼きパンの一種）を焼いて紙に包んで持たせてくれた。その背景には、一人一人食べられるものが違うというインド固有の状況があるように思う。

ヒンドゥー教徒は牛を食べないというのはよく知られた話だが、ヒンドゥー教徒の中でも肉を食べないベジの人と食べるノンベジの人がいるし、カースト（職業身分制度）ごとに相応しい食が異なるし、出身地域によっても料理や味付けが異なる。ほぼ全土で食べられるダール一つとっても、「あの州のダールは甘すぎて食べられたもんじゃない」なんていう話をよく聞く。これだけ制約があって食べ慣れた味へのこだわりがあると、外食も面倒だ。

そもそもダッバーワーラーのシステムも、1890年頃植民地支配下のムンバイで、多様な食の要求に応えるべく始まったそうだ。この時期、仕事のためにインド各地から大量の人がムンバイに移り住んだが、十分な数の飲食店もなければ各人を満足させられる選択肢もない。ムンバイの食も、イギリス式の食事も、移り住んだ彼らにとっては馴染みのない味だ。そこでそれぞれの家から手作りの弁当を届けるサービスが始められ、130年経った今も根強く続いているのだ。

パドマ宅のティフィン・ダッバー。直径15センチはある家族サイズ。4段重ねなので余計に一品入れられる

インドでは「家のご飯が一番安心して食べられる」という話を日本の何倍もよく聞くし、家のご飯以外口にしないという年配の方に何人も出会った。食の選択は、おいしいとか、健康的とか、安いとか、それだけの話ではない。ダッバーが運んでいるのは、単なる食べ物ではなく、安心感なのかもしれない。

昼どきのオフィス街に登場 練り粥ずっしり つゆだく 弁当

ディジョスタンド
ボツワナ

ボツワナを観光で訪れる人の目的で多いのはサファリ。赤い大地、青い空……日本ではなかなか感じることのない大地のスケールにため息が出る

アフリカ南部の目立たぬ優等生

東京のオフィス街では、昼時になると路上に弁当屋が出現する。安く手軽にしっかりご飯を食べたいオフィスワーカーたちが次々とやって来る。それと同じ光景に、アフリカのボツワナで出会った。

ボツワナという国は、南アフリカ共和国に接するアフリカ南部の小さな内陸国で、歴史の表舞台にはほとんど登場しない。世界に勃興した歴史上の帝国の勢力から遠く、ヨーロッパの国々がアフリカで植民地の奪い合いを繰り広げた時も「内陸で乾燥していて港がないし資源もない」と特に興味を持たれず、積極的な獲得対象とされなかった。ところが保護領として治めていたイギリスから独立した1年後の1967年にダイヤモンド鉱山が見つかり、今やアフリカ有数の豊かな国になった。世界のダイヤモンド採掘量では、大国ロシアに次いで第二位の地位につく。小学校のクラスで目立たなかった子が大人になったら敏腕経営者になっていた、みたいな国である。

しかし、現在もやはり目立たない。それは、事件が起こらずニュースで目にしないからというのもあるだろう。安定した歴史・経済的背景に加え、南アフリカはじめ白人主導国家に囲まれた土地柄から人種間の融和を目指したことなどもあって、治安はアフリカでトップクラスの良さ。独立以来内戦は起こっておらず、穏やかな国民性といわれる。ダイヤモンド収入のためGDPは比較的高く、空港は小さいけれども綺麗で、買物は大型スーパーに行き、ショッピングモールも充実しており、安心して生活できそうだった。

この時は、ボツワナの地方への台所探検のあいまの「休憩」で、首都ハボローネで日本人の友人宅に泊めてもらっていた。友人はJICA（独立行政法人国際協力機構）海外協力隊員として派遣されていて、現地の環境NGOで働いてた。「行く?」という誘いに乗って、彼の職場について行かせてもらうことにした。

路上に出現する昼だけの弁当屋

オフィスはハボローネの街の中心地にある。同僚の方々はにこやかに私を受け入れてくれて、みんなが仕事している横に私も机をもらった。

昼休みになった。

「このあたりのオフィスワーカーが通う弁当屋に行こう」

そう言って、友人は外に連れ出してくれた。オフィスを出て、5分ほど歩くと街のメインストリートに出る。ここは車が入れないようになっていて、野菜や日用品を売る露店がそこかしこに立ち、賑わっている。それらの店の間にぽつぽつと、昼時のオフィスワーカーたちが列をなす露店があった。

「ディイジョスタンドだよ。ディジョっていうのはツワナ語（ボツワナの公用語）で食事っていう意味なんだけど、実際は弁当屋かな。ボツワナでは日本の弁当のように家から食べ物を持って来る習慣はほぼないようで、ぼくの同僚たちもこういうディジョスタンドで弁当を買うんだ。たまにファットケーキっていうボール状の揚げパンをビニール袋に入れて持って来る人もいるけどね」

友人のそんな話を聞きながら並んでいたら、どんどん列が進んでいく。

東京のオフィス街の弁当屋と違うのは、す

街中のメインストリート。露店では、野菜や洋服や雑貨など様々なものが売られる。一般の買物客に加えて、ワイシャツ姿のオフィスワーカーの姿も

でに詰められた弁当から選ぶのではなく、ずらりと並んだおかずを組み合わせて自分のメニューを作ること。テーブルの上に並ぶ料理の中から主食・メイン・野菜のおかずを選んで伝えると、店の人が容器に詰めてくれる。主食とメインは一つずつ、野菜のおかずはいくつでも。小が15プラ（約150円 ※1プラ10円換算）、大が20プラ（約200円）くらいだったと思う。

次々と弁当を買っていくオフィスワーカーたち。手にした20プラの容器は、15プラのものより一回り大きい。最後にセルフサービスでソースをかけていく

　私は小を頼んだのだが、蓋ができないくらいずっしり詰めてくれて、お腹いっぱい。料理はすべて家庭料理。ボツワナで外食というとステーキやピザを出す高級店かチェーン店ばかりで、定食屋のような選択肢があまりないので、手頃な値段で家庭的な料理を食べられるのはありがたい。立ち並ぶディジョスタンドがどこもオフィスワーカーで大盛況なのも、わかる気がする。

15プラの弁当。メインはチキンを選び、おかずは左から、キャベツ炒め、モロホの炒め煮、ビーツサラダ。組み合わせは自由自在

　食べ終わった後、再び露店に行ったらお店の人は片付けに取りかかっているところだった。「あなたのディジョ、おいしかったよ！」お礼を伝えた後、勢いで頼んでみた。「明日一緒に料理させてくれない？」

　すると彼女たちはちょっとびっくりして照れながらも、「仕込みは明日の朝6時からやってるからいつでもおいで」とOKしてくれた。やった！

早朝の弁当屋台所へ

　翌朝、まだ暗い中教えてもらった住所に行くと、住宅街の一角の建物に灯りがついていて、

台所ではもう鍋が火にかけられていた。あのディジョ屋を切り盛りしているのはトーコとクレンという姉妹で、姉のトーコが15年前に商売を始め、途中から妹のクレンも加わったという。

「どうしてお店を始めたの？　料理が好きなの？」

　すると、トーコは笑いながらため息混じりに答えてくれた。

「高校を卒業したんだけど、成績が足りなくて大学に進めなかったの。料理ならできると思ってね」

　聞いてしまってややバツの悪い気持ちになったが、この国ではよくあること。それに、失業率が24・5％（ボツワナ統計局、2021年）と非常に高く、大学を卒業しても就職できない人がたくさんいることを考えると、その歳で自分の商売を始めたんだからしっかりしている。

　この日のメニューは、主食がパパ（とうもろこし粉の練り粥）、ボホベ（ソルガム粉の練り粥）、サンプ（ひき割りとうもろこしとまめを煮たもの）、ライスの4種類。どれも家で食べる日常食。メインは、チキン焼きとビーフ煮込みとレバー炒め。ボツワナは牛の放牧が行われていてけっこう肉食だ。野菜は、モロホ（乾燥青菜）の炒め煮、ビーツサラダ、バターナッツかぼちゃの甘煮、キャベツ炒め、キャベツのマヨサラダと種類豊富で、西洋文化の影響も感じる。それから付け合わせのスープとチリソース。どれも一般的な家庭料理だが、それでも全14品を昼までに仕上げるのは手際が問われる。

　しかし息のあった2人のチームプレーは安定感があり、どんどん進んでいく。主食担当はトーコ。パパとボホべはいずれも練り粥というジャンルの食べ物だが、お湯が沸いた鍋に穀物の粉をばさっと入れて、長さ1メートルほどもあるかき混ぜ棒を両手でガシッとつかんで上下前後に動かしながら練るという力仕事だ。これ、力だけでなくけっこうコツがいる。

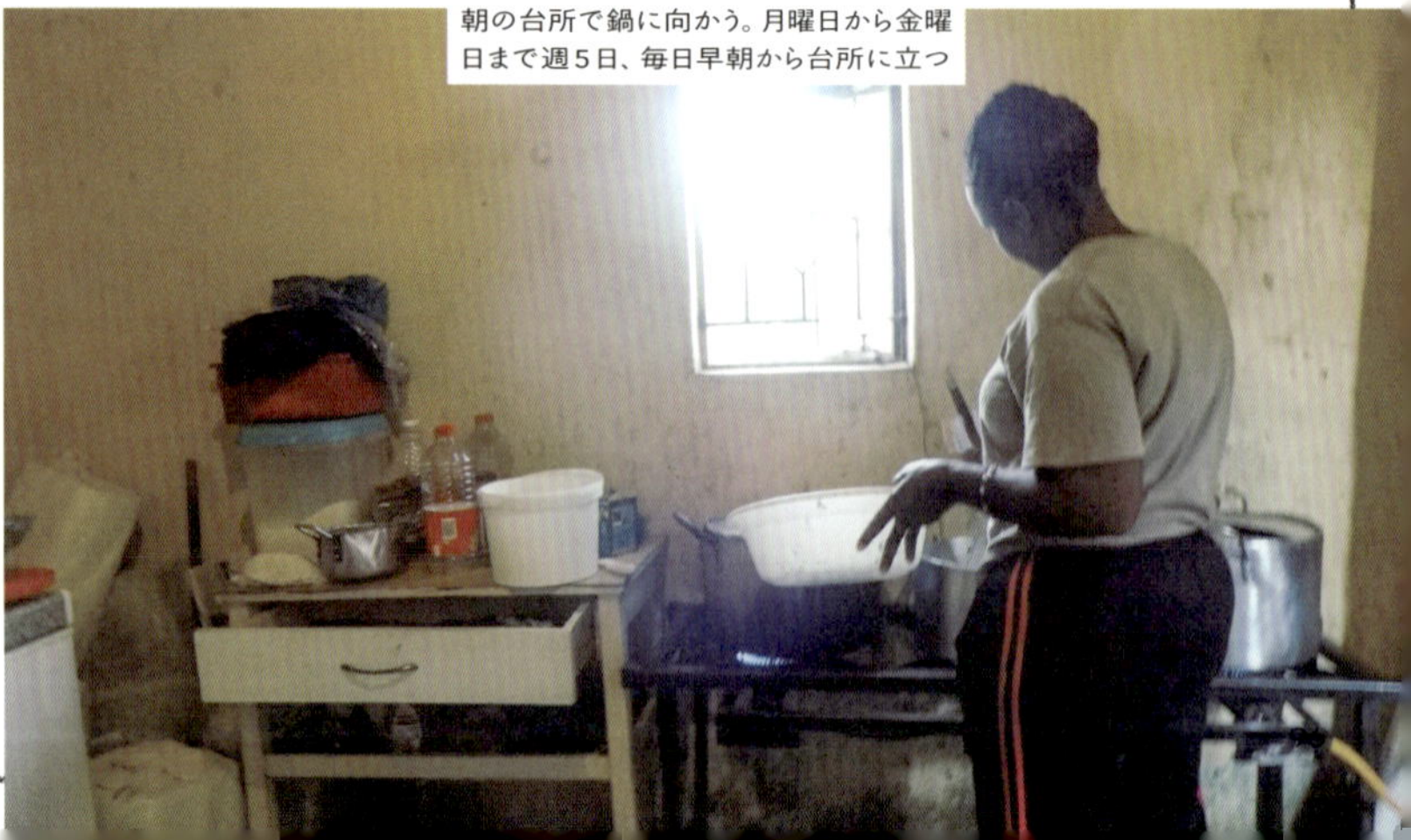
朝の台所で鍋に向かう。月曜日から金曜日まで週5日、毎日早朝から台所に立つ

「こうやってこうやると、ダマなく均一にまざって、ふかふかでおいしいボホベができるんだよ」

トーコが指導してくれるけれど、私にはさっぱりわからない。棒を闇雲に動かしてダマを大量生産しそうになり、取り上げられた。大勢の昼食を私が台無しにすることにならなくて、よかった。練り粥は日本の白米のように毎日食べるものだから、家で料理を担う人なら誰でも作れるものらしいけれど。

その横でクレンは、野菜を切ったり肉を炒めたりして次々料理を仕上げていく。3口ある業務用のガスコンロはフル稼働で、建物の外では焚き火の大鍋でチキンが炒められている。どの料理も、たっぷりの油と塩だけで調理されていき、時々チキンコンソメがばさっと投入される。ボツワナ家庭料理はシンプルで、スパイスを多用したり見慣れぬ調味料が登場することもなく、ビーツサラダもキャベツ炒めも、どれも味が想像できる。

ソルガム粉でボホベを練るトーコ。初めはさらさらで軽いが、火が通ると段々重たくなっていく

一つだけ馴染みがないのが、乾燥青菜のモロホだ。これはささげの葉っぱを干し固めたものだそうだが、小石のようにカチカチのその姿は、乾燥したボツワナの大地そのもののようだ。これを、お湯に浸して戻してから炒め煮にするのだが、えぐみが強いからなのか、恐ろしいほど油を入れる。クレンは油をどぼどぼと鍋に注ぎ、みじん切りのたまねぎとモロホを投入して炒める。炒めるというか、油の中に青菜が泳いでいて、アヒージョかと言いたくなる。塩も大胆に握ってばさっと振り入れる。

モロホはボツワナの食事のマストともいえるもので、肉がなくてもボホベとモロホで食事になるくらい。こんなに油と塩を使えば、道理で主食が進むわけだ。ちょっとひよったが、この葉はタンパク質・鉄分・カルシウムなどが豊富らしいので、肉が豊富に食べられない環境にお

クレンの姿が見えないと思ったら、外で火をおこして料理していた。大鍋の中身はチキン。これだけの量になると、ガスの火では時間もお金もかかる

いては肉代わりになるおかずなのかもしれない。

路上の弁当屋は盛況

さて、11時。出来上がった料理をバタバタと車に積み込み、いつもの場所に向かう。到着したら、建物の陰にしまってあった台を出して来て、鍋やコンテナを並べ、店支度。12時になると最初のお客さんがやって来た。「ボホベ大盛り、チキン、野菜類は全部で。チキンの部位はドラムスティック（骨付きもも肉）がいいな。あとつゆだくで」

初っ端からなかなか注文が細かいな、とか思いながら「こんにちは！　いらっしゃい！」と呼び込みをしていたら、後から来る人が次々と「大盛りつゆだくで」と頼むものだから、にやにやしてしまった。東京のオフィス街の牛丼屋で席についた人も、同じことを言う。つゆだくは人類の願いだ。

行列が一段落したタイミングで、一日手伝ったお礼にと、2人は私のために全部盛りの弁当を作ってくれた。主食4つ、メイン3つ、野菜のおかずもすべて入れてくれる。本当は働いた分のお金をくれようとしたのだけれど、こちらがお金を払いたいくらいだったから断って、そうしたら「じゃあ全部盛りスペシャルね！」と言って作ってくれたのだ。たとえるならば、唐揚げ弁当と焼肉弁当とアジフライ弁当が合体した感じ。牛丼屋で大盛りつゆだくをかき込むお兄さんもびっくりのボリュームだ。だが、どのおかずも家で作る家庭料理らしいやさしい味で、つい食べ進んでしまう。

弁当を持参しない理由

しかし、これほどま

出来上がった料理の数々。これを車に積んでメインストリートにあるいつもの場所に運んでいく

でに家のご飯と同じ内容ならば、毎日お金を払って買わずとも、家から残り物を詰めて持っていけばいいのにという気もしてくる。15～20プラは、高くはないけれどうんと安いというものでもない。なぜ弁当持参者がいないのだろう。面倒なのか、彼女たちのご飯が特別おいしいからか。そんなことを考えながらトーコとクレンにお礼を言いに行った。

「おいしかったよ！」

にっこり笑う2人の顔から視線を下げ、ほとんど空っぽになった容器を見て、あぁそういうことかと思いあたった。パパやボホベのような練り粥は、冷めるとかたくなってボソボソになるのだ。日本の米はジャポニカ米という品種群で、冷めても味が落ちないけれど、世界の米生産量の8割を占めるインディカ米はでんぷん組成が異なるため、冷めるとパサパサしておいしくなくなる。あれと同じことで、練り粥もでんぷんが老化するのだ。

また油をたっぷり使ったモロホは、温かいうちはよいけれど、冷めたら油っぽさが際立ってきそうだ。肉系おかずもしかり。日本のお弁当のおかずは油をたっぷりまとったものが少なく（揚げ物はカラッと揚げている）、タレや砂糖の保水性なども使いながら、冷めてもおいしい味付けにチューニングされている。ボツワナの家ご飯をそのまま詰めて持参しても、おいしい状態で食べられないのではないか。そういえば、日本の弁当文化は冷めてもおいしい米があったからこそ発展したともいわれる。

手には二人分の容器をのせ、注文を聞きながらぎゅうぎゅうに詰めていく。最後につゆをかけるのも忘れずに

それに、ボツワナの気候だと昼までに食べ物が傷むかもしれない。家から持参する弁当というのは、単に箱に詰めるだけでなく、実はいろんな条件が揃って初めてできるものなのだ。その文化の奇跡的なバランスに感心した。

家から食事を持っていくのが難しいとしたら、ディジョ屋は働く人々の昼食の生命線だ。毎日必ず現れるトーコとクレンのスタンドが、一層尊く感じられるのだった。

砂漠の遊牧民の生きた携帯食

ラクダ乳とデーツ

ヨルダン

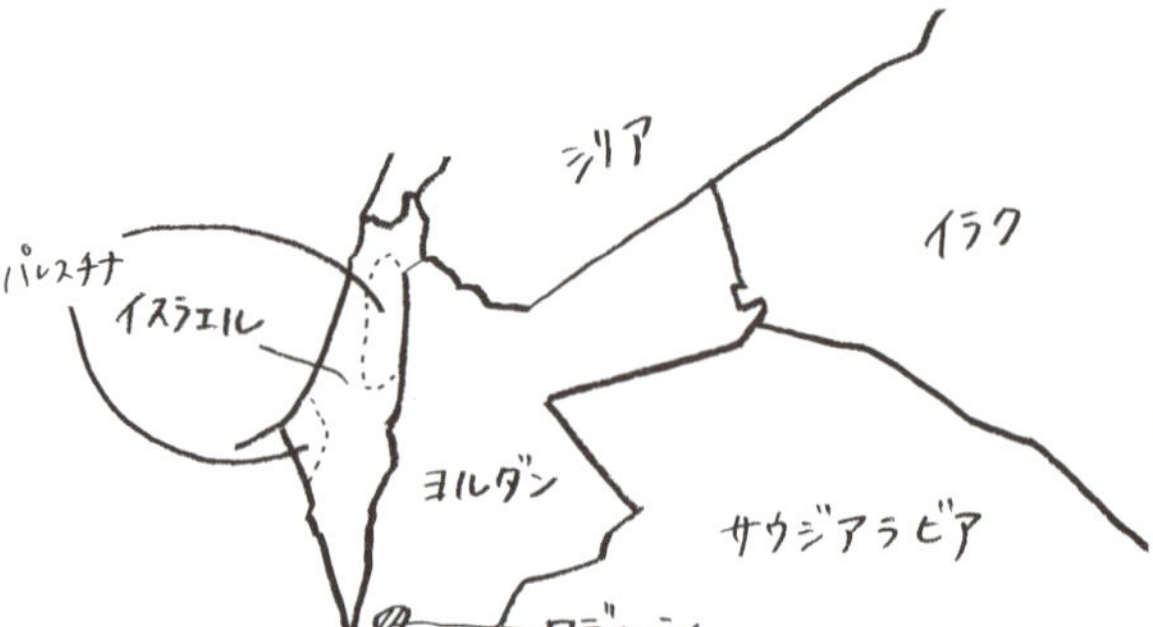

砂漠の民の弁当事情

食べ物を得るのが難しい環境はどこか。それも長期間その状況が続くとしたら……そんな過酷な状況の一つが、砂漠なのではないかと思う。大洋の航海も南極探検隊も、食料の補給が難しい環境ではあるが、船や基地の貯蔵庫に何トンという規模で食料を保管できる。対して砂漠の移動というのは、古来ラクダを使って行われていて、運べる食料の量はきわめて限られていて冷蔵できるわけでもないという難しさがある。それでいてラクダの隊商は何週間にもわたる移動をしていたのだから、その食料確保事情たるや興味を惹かれるところである。

砂漠の民の「弁当」は何なのか。残念ながら、ラクダの隊商は現代ほぼ行われていないので実際に経験することはできなかったが、その片鱗は現代にも生きている。砂漠で見聞きしたことや体験をもとに、かつての航行を想像しながら描いてみたい。

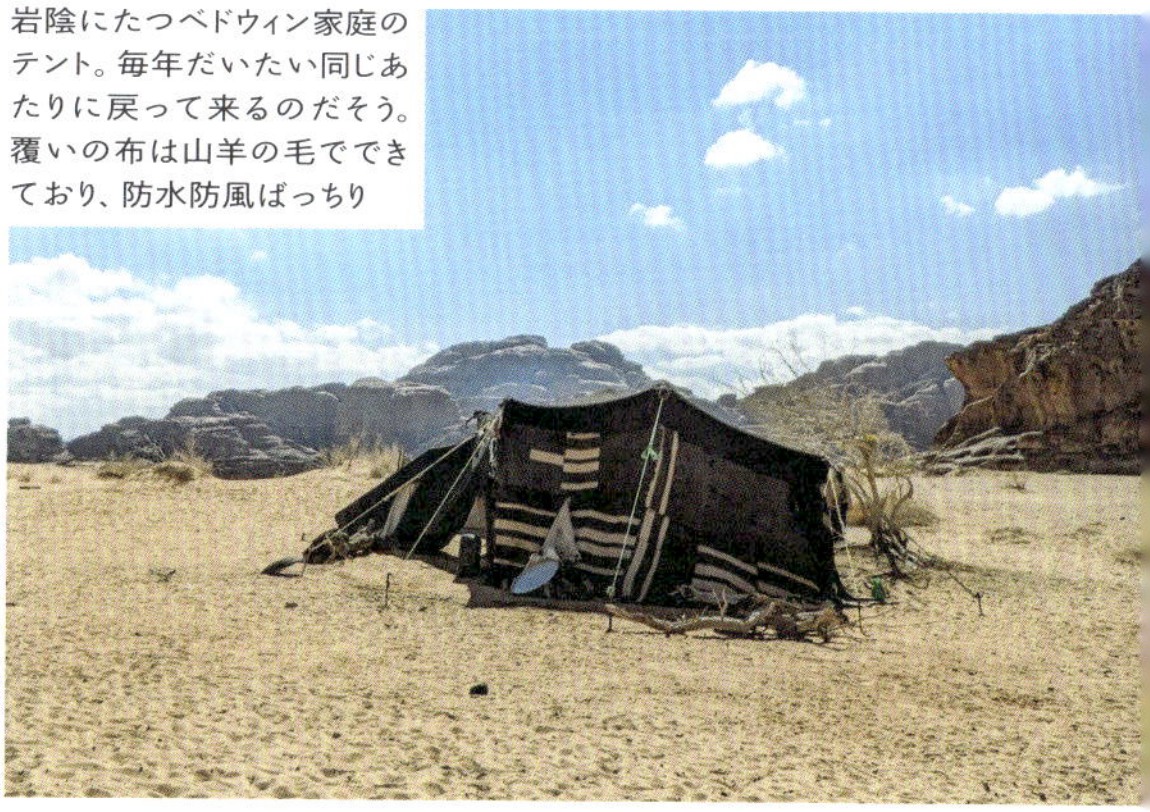

岩陰にたつベドウィン家庭のテント。毎年だいたい同じあたりに戻って来るのだそう。覆いの布は山羊の毛でできており、防水防風ばっちり

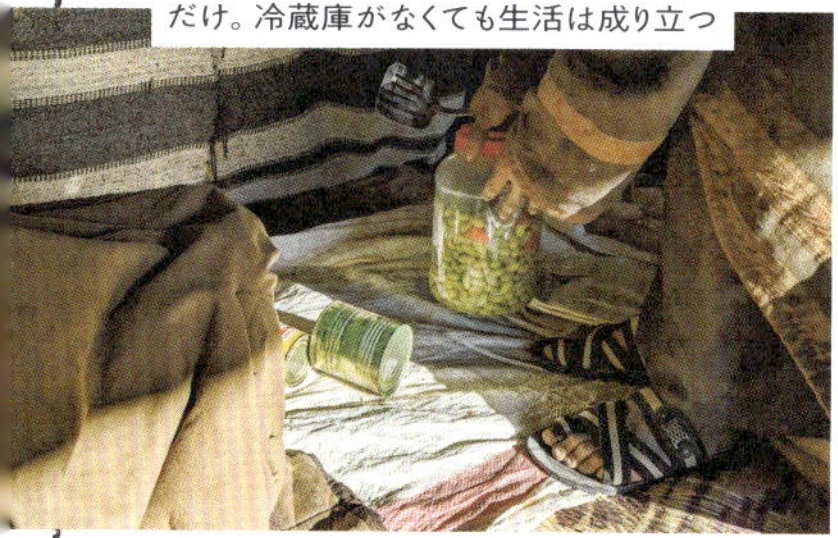

テントの一角の食品保存スペース。自家製オリーブ漬けに、じゃがいもやトマトといった保存の効く野菜、缶詰を一カ所にまとめて厚手の上着をかけてあるだけ。冷蔵庫がなくても生活は成り立つ

冬の砂漠は厳しく壮大

ヨルダンの砂漠では、遊牧民・ベドウィンの家庭にお世話になった。ベドウィンというのは、アラビア半島に広がる砂漠に生活する民で、ラクダの隊商の護衛についたりと、かの地での交易を担ってきた。伝統的な暮らしは、砂漠に四角いテントを張って生活し、草を求めて夏と冬の放牧地を行き来するという生活。現在は街に家を持つ人がほとんどだが、それでも季節的に砂漠で暮らすという半定住の生活をする人たちもいる。私がお世話になったのも、そんな家族の一つだった。

この家族は、40前後の夫婦と夫の母の3人で砂漠のテントに生活していた。小学生の子どもたちもいるのだが、学校に通うため平日は街の家に住み、週末だけこちらに来るのだという。

どこまでも続く砂漠。風が作る砂模様は、途方もなくスケールの大きい枯山水のよう。砂の上に鳥や動物の足跡があると、生命がいるんだなとほっとした

それに伴い妻も行ったり来たり。

「街に住む方が便利だけど、ぼくの母は砂漠の生活の方が静かで好きだと言うんだ。もう高齢だし、尊重するしかないよね」

と夫（父さん）は笑う。

砂漠というから、汗だくの日々を想像して寒がりの私はわくわくしていたのだが、とんでもない勘違い。砂漠というのは、暑いのではなく寒暖差が激しいのだ。熱を蓄える水分が乏しいため、日中はよいのだが日没と同時に気温は急降下。息が白くなり、父さんがおこしてくれた焚き火に手をかざした。夜は布団に入ってからも足が冷たくてなかなか寝つけず絶望した。

しかしその絶望をかき消すほどの感動をくれたのが、砂漠の壮大な風景。ワディ・ラムと呼ばれるこの砂漠は、大きな岩がそびえ立つ茫漠とした風景で、まるで別の惑星に降り立ったよう。ここは映画のロケ地としても使われて、アラビアのロレンスやアラジンの世界の中にいるようだった。

「砂漠の船」は新鮮なミルクを運ぶ

一家は、ラクダとヤギを飼っていた。夕方、ヤギの群れを連れて出かける父さんについて行った。草を食べさせるために近くの岩場に向かうのだ。

しばらく歩くと、見渡す限り砂と岩の世界を、向こうから歩いて来る男性に遭遇した。彼も

ラクダを引いている。
「このラクダもカメラ向けたらお金を取られるやつか」と警戒した。この家族のもとにたどり着くまでに、何度も観光客向けのラクダに出会ったからだ。
しかし、このラクダはどうも違う。観光スポットにいるラクダの背にはアラビアのロレンス風なピカピカの鞍と布がかけられているが、このラクダの背中にのっているものはボロボロ。まったく記念撮影向きでない。どうも生活のためのラクダのようだ。
うちの父さんとラクダを連れたお兄さんは知り合いらしく、立ち話で話し込んでいる。私はラクダとにらめっこする。お兄さんは、チラチラ私の方を見ながら、顎でこちらを指して、父さんに白い液体が満タンに入ったペットボトルを渡した。ペットボトルには炭酸飲料のラベルがついているが、「ハリーブ（ミルク）」と言うから、ラクダのミルクなのだろう。飲んでみたかったのだ！

父さんがラクダ乳を定期購入しているのか、それとも彼が私へのプレゼントにくれたのか。ベドウィンなまりのアラビア語は私にはわからず、状況がいまいちつかめないが、とにかくうれしい。

「シュクラン（ありがとう）」

お兄さんににっこりお礼を伝え、まだほの温かいそのペットボトルを抱えてほくほくした気持ちで家に戻った。

帰宅して早速、父さんがコップに注いでくれて、そのミルクを飲んだ。

「あれ、さっぱりしてる？」

ラクダは乾燥した環境に生きているから、濃縮された味に違いないと思っていたのだが、思いのほか薄くてさらりとしているのだ。ちょっと意外だが、ほんのり甘くて塩気すらも感じるそのミルクは、体の渇きを癒すのに最適だった。

「ラクダはベドウィンの生活の伴侶だ。ものを運ぶ移動に欠かせないし、ミルクも与えてくれる」

父さんはぼそりと言った。彼は口数は少ないけれど、言葉を発する時はいつも大事なことを言う。

そういわれてみれば、食料の携行という観点で考えると、ラクダはものすごく優秀だ。だって一緒に旅をしながら、毎日新鮮なミルクを出してくれるのだから。後で調べたところによると、ラクダは一週間以上水を飲まずに生きることができて、それでもミルクは出すのだそうだ。しかもそのミルクは他のどの動物のものよりも人間の母乳の組成に近く、タンパク質やマグネシウムや鉄分などを豊富に含む栄養食なのだという。すごすぎる。

これが固体ではなく液体であるというのも、またありがたいことではなかろうか。夏は40度を超える砂漠の環境で、人が生きるために水分はきわめて貴重だ。しかし水分の多いものは腐りやすいという問題もあ

ラクダミルクをくれたお兄さん。頭に巻いた布はカフィーヤという伝統布で、日差しや砂埃から守ってくれる

る。そこにきてラクダは、水分と栄養を体内に蓄えて持ち運び、毎日新鮮な状態で与えてくれるのだ。なんてうまくできた生き物なんだ。ベドウィンにとってラクダは「砂漠の船」なのだそうだが、そうだとしたら相当高性能な食料庫を備え付けた船に違いない。

「生命の樹」の果実

ベドウィンの移動中の食料といえば、もう一つ気になっているものがあった。デーツ、すなわちナツメヤシの実だ。

デーツはアラブ地域で広く食されるもので、最近は日本でも輸入食材店や大きめのスーパーで手に入るようになった。市場で売られているのはドライフルーツ状態のもので、いろんな種類があるが、おおむねプルーンサイズであずき色。干し柿や黒糖のようなねっとり濃厚な甘さがあり、一粒でだいぶ満たされる。実際、アラブ地域で信仰されているイスラム教のラマダン（断食月）の際には、日没後最初の食事をとる前にデーツを口にするのがならわしだ。空腹時に急に食事をがっついて血糖値が急上昇するのを防ぐ効果があるのだとか。余談だが、ラマダンのない西洋社会でも、デーツは近年人気だ。砂糖よりヘルシーな天然の甘味料として、お菓子やシリアルバーなどによく使われるのだ。

栄養素の観点では、ミネラルやビタミンが豊富であるのに加えて、ラクダ乳からは決して摂れない食物繊維も多く含む。乾燥して日持ちがする上、道中で調達できて、栄養豊富ときたら、確かに砂漠の遊牧民の携帯食としてぴったりだ。

ベドウィンといえばデーツ、デーツといえばベドウィン。ヨルダンで出会う人々の話からいつしかそんなイメージを作り上げていたから、この家族のテントに来る前、デーツは食べるのだろうと確信していた。なんなら家の近くにナツメヤシの一本や二本生えているんじゃないかと期待していた。

ところが、木はおろか実すらもい

ラクダのミルク。見た目は牛乳と区別がつかない。これまでに、牛乳、ヤギ乳、馬乳、水牛乳など飲んできたが、意外にもラクダ乳が最も薄くて特徴のない味に感じた

っこうに登場しない。最後の日に、「ここの生活ではデーツは食べないもの？」と聞いてみたところ、

「あー、あれ好きなの？　あるよ！」と言って出してくれたのは、真空パック入りでラベルが貼られたデーツの袋。好きなら持って帰りなさいと、街のスーパーで買ったのであろうそれを私のカバンに押し込んだ。

　拍子抜けするとともに、妙に納得してしまった。そうだよな。彼らは、おんぼろとはいえ車を持っていて、必要であればすぐに街に行ける。冷蔵庫はないけれど、小麦粉や米や油の他、トマト缶にオリーブ漬けにじゃがいもにと、それなりに保存の効く食料を蓄えていて、毎日温かい料理が作れる。デーツはあればもちろんいいけれど、絶対に必要な唯一の食料というわけではないのだろう。

　また、「ナツメヤシが育つのはもう少し離れたところだよ」とも言うのだ。ラクダが「砂漠の船」であるのに対し、ナツメヤシは「生命の樹」と呼ばれ、かなり過酷で水の乏しい環境でも育つ強い生命力を持つ。そうは言っても多少の水分は必要で、もとは砂漠の中で水が蓄えられているオアシスに生育し、この木を見つけると旅人は歓喜したのだとか。私は砂漠の航行はしていないものの、ヨルダンの乾いた土地を車で走っていると、突如ナツメヤシ畑が登場することがあり、こんなところでよく育つなあとその屈強さに息を呑んだ。現在商業的に行われているナツメヤシ畑は水を灌漑していることがほとんどだそうだが、死んだように静かな砂漠でこんなに甘みの詰まった果実を見つけたら、それは感動することだろう。しかもデーツは、収穫した実を乾かすのではなく、木についたまま水分が抜けてドライフルーツになっていくのだ。立ち枯れしたかのように見える木に黒糖級の糖分を抱えた実がたわわに下がっている様子は、神秘的ですらある。かつてベドウィンは、これを収穫した

木から垂れ下がるデーツの実。これはまだ若くて固いが、熟れると茶色味が増してそのうちカラカラになる

奥が若いフレッシュなデーツ、手前が熟れたドライデーツ。フレッシュなものはサクッとした食感で甘みが薄く、季節の味。保存は効かず、一般的にデーツと言ったらドライの方を指す

り、夏の滞在地で収穫して保存したり、あるいは警護などの報酬としてデーツで支払いを受けて手に入れたのだそう。

ハレのもてなしとケの弁当

「ラクダ乳とデーツだけで、ベドウィンは何日も生きられる」。

ベドウィンについての文献を読んでいると、そんな記述がたびたび登場する。それを目にするたび、この地に根づいた「弁当」の削ぎ落とされた美しさに、ため息が出るのだった。ラクダ乳とデーツは、この厳しい環境で入手可能というだけでなく、互いに栄養素の弱点を補完し合っている。

私は一日三食バランスよく食べなさいと言われて育ったし、だから弁当にしてもご飯だけでなくお肉や野菜も入っているのが「よい弁当」だと信じて生きてきた。だがそんなちっぽけな栄養学の常識がまったく通じない世界にやって来てしまったようだ。

とはいっても、そんな食事がずっと続くわけではない。ベドウィンはもてなし好きとしても知られ、通りがかった隊商をコーヒーで迎えて宿を与えることはほとんど義務だという。私にも、この家に来た最初の日、父さんが「ベドウィン流のもてなしだよ」と言ってコーヒー豆を炒って香り高いコーヒーを飲ませてくれた。ベドウィンのもてなしのご馳走といえば、マンサフ（ヨーグルトソースで羊肉を煮込んでご飯にのせた料理）やザルブ（地中に掘った深い穴で肉や野菜を蒸し焼きにした料理）が定番で、今は観光客向けテントでも提供されている。ラクダの隊商は、そうして英気を養って旅路を続けたのだろうか。

ずっと同じ風景が続くように思える砂漠にも、ハレのもてなしとケの日の「弁当」があったのかなと、広い空を見ながら思うのだった。

台湾編 お隣の国のお弁当事情

「弁当」ではなく「便當」ご飯もおかずも常にあつあつ

駅弁は有名だが弁当は作らない？

台湾は、弁当の国だと思っていた。日本と文化的に近いし、台湾鉄道の駅弁はかわいい見た目が人気で、東京のデパートの催事でも販売されるほど。なので、この本の執筆を始めてから、弁当といったらこの国を外すわけにいかないと思い、弁当だけを目的に台湾に向かった。

数日間の滞在で、「箱に入った食事」という意味での弁当には数えきれないほど出会った。しかし予想外だったのが、家で作った弁当を持って行く人がなかなか見つからなかったこと。

「台湾は外食文化で、一人暮らしだとキッチンのない物件の方が多いんだよ」と言われて納得。代わりに、行く先々で多様な弁当の姿に出会い、日本とひと味違う弁当文化を知ることとなった。

店番のかたわら食べる〝色香味倶楽全〟弁当

まず会いに行ったのは、友人に紹介してもらったアマンダさん。20代後半くらいの元気な女の子で、台北市の繁華街にあるホテル兼カフェスペースで働いている。手作り弁当を持参する人を見つけるのは非常に苦戦したのだが、彼女はいつでもお客さんが来てお昼休みなんてないからと弁当持参で出勤する。

「弁当を持って来るようになったのは、ここで働くようになってからね。私は両親と兄弟と5人で暮らしているんだけど、普段料理をするのは母。週末にお肉や煮込みなど時間のかかる料理を作り置きして、平日は野菜を炒めたり簡単な副菜を作って夕飯にする。母は、足りないと困るからっていつもたっぷり作って置くの。で、ある日ふと思ったの。これ詰めたらお弁当できるんじゃない？　って。それで、夕飯の後に残ったおかずで弁当を詰めて冷蔵庫に入れておくのがルーティンになった」

「詰めただけだから、見せるのも恥ずかしいんだけど……」と言いながら取り出したお弁当は、牛肉の煮込みや干豆腐煮などの食欲を誘う茶色いおかずと、パプリカ炒めやセロリ炒めといったカラフルなおかずがバランスよく並んでいて、目にも鮮やかだ。

「〝色香味倶楽全（色と香りと味と全部揃ってることが大事）〟って言ってね、母さんはいつも『味だけじゃなく彩りも大事』って言うの。だから私も彩りよく詰めようと努力するようになった。もしも夕飯のおかずが茶色一色だったら、弁当自体を諦めてるかも！」

と高らかに笑う。

母さんは作り置きし、ア

アマンダの弁当。おかずは滷牛腱（牛すじ煮込み）、イカとセロリ炒めなど。台湾の昔ながらの弁当箱といえば蒸し器で温められるステンレス製だが、電子レンジで使えるガラス容器も人気

マンダはその食卓に上った残りを活用し、日常のリズムで回る力の抜けた感じがいい。

しかし、なぜ彼女はわざわざ弁当を持参するのか。この店の周囲には飲食店があふれ、テイクアウトもデリバリーも無限の選択肢がある。しかし、だからこそ何を食べようか迷ってしまうのだそうだ。店番する彼女は、考えて注文する時間もままならない。弁当を持って行けば、食べることの心配をしなくて済むから都合がよいのだ。

ちなみに。この弁当を食べるのに必須のアイテムが、電子レンジだ。

「日本に行って駅弁を食べてびっくりしたんだけど、お弁当が冷たいのね。台湾は冷たいご飯は食べないもので、温めるのが普通。職場には電子レンジ、学校には巨大な蒸し器があるよ。私は、弁当を冷蔵庫から取り出したら温めて、でも二口食べたところでお客さんが来て中断したりして、そうしたらまた温める。あつあつを食べたいの」

話を聞いている間にも、お客さんはひっきなしにやって来て、アマンダは立ったり座ったりエスプレッソマシンを操作したりと忙しく動いていた。

いろいろ食べたい
願望に
応えてくれるのっけ丼

アマンダの店を出て街を歩いていると、ちょうど昼時で、紙の弁当箱を持った人たちと多くすれ違った。「私の友人は、外で買うか食べるか、デリバリーね」とアマンダが言っていた通り、昼時の街はいろんな形態の弁当があふれかえっているようだ。オフィスワーカーたちはどんな弁当を買って食べているのか。

まず向かった悟饕《ウータオ》池上《チーシャン》飯《ファン》包《バオ》は、いろんなおかずがちょっとずつ入っているのが特徴で、日本人観光客にも人気の弁当屋。店に入ると作り置きされた弁当がうず高く積まれていて、一番定番と思しき經典《ジンディエン》池上《チーシャン》飯《ファン》包《バオ》（90元＝約440円　※1元＝約4・8円）を指さしたら3秒で渡してくれた。受け取るとずしっと重く、ほかほかを通り越して熱いほど。天気も良いので、近くの公園で食べることにした。

蓋を開け、美しい見た目に思わず声をあげた。じっくり煮込まれたチャーシューに、甘めの台湾ソーセージ、八角香る干し豆腐、奈良漬け風の漬物など。食べ始めたら、肉類の下から高菜炒めとキャベツ炒めが出てきた。盛りだくさんだ。おかずはどれもしっかり味だが濃すぎることなく、どこか懐かしい感じでちょうどいい。そして、たっぷり入った白米がうまい。店名にもなっている池上はおいしい米の産地として知られ、そこの米を使っているのだ。

世界各地で出会ってきた弁当は、一品がどんと入ったものが多い。「いろんなものをちょっとずつ」の願望にここまで応えてくれる弁当、日本以外で見たのは初めてだ。うれしくて夢中で食べ続けた。

台湾といえば駅弁

それから、駅弁。台湾鉄道の本業は弁当だと冗談で言われるくらい駅弁は人気で、日本の百貨店でも催事が行われるほど。台湾全土の六駅で駅弁を販売し、台北駅に八カ所ある売店「臺鐵《タイティエ》便當《ビエンダン》本舖《ベンプー》」は、通りがかるたびいつも行列だった。評判を聞いていたから、食べないわけにいかない。

列の最後尾につき、自分の番が来るまで必死で悩む。メニューは案外多く、豚バラ肉の排《パイ》骨便當《グービエンダン》だけで三種類、照り照りの鶏もも肉がのった鶏腿《ジートゥイ》便當《ビエンダン》、その他に菜食メニューが三種類。「定番です！」と日本語で書かれた懐舊排骨菜《ファイジウパイグーツァイ》飯《ファン》（100元＝約480円）を注文した。

駅の売店なのに、渡された弁当はほかほかに温かくて、レジ

悟饕池上飯包の經典池上飯包。肉のおかずがぎっしりに見えるが、その下にはキャベツ炒めと高菜漬けが敷かれて野菜もしっかり。左下の豆干（硬い豆腐）の煮物が台湾らしい

台北駅の「臺鐵便當本舗」売店に行列する人々。東京駅の駅弁に比べるとぐっと限られたラインナップながら、手堅い人気を感じる

カウンターの奥を覗き込んだら巨大な保温バッグがごろごろしていた。臺鐵便當本舗は駅地下に製造工場があって、売れ行きに合わせて随時在庫補充しているらしい。温かい弁当に対する情熱に敬服した。

ご飯からあふれんばかりにのった厚切り排骨（スペアリブ）は、揚げ衣にたっぷりのタレをまとって迫力のある輝きを放っている。八角の効いた照り焼き味、どこか馴染みがある。その下には、やはり炒め野菜。ご飯と肉の接触を完全に防げるくらいたくさん敷かれている。

食べているとこの野菜の配置が疑問で仕方なくなってきた。牛丼や親子丼など丼ものを食べ慣れているせいか、タレが染みたご飯を食べたいと切望するのだが、野菜にブロックされたタレはご飯に到達できない。

台湾の人は、よごれのない白米の方が好きなのだろうか。疑問に思って何人かに聞いてみたが、「場所がないからそこに敷いてるだけで、特に意味はないよ」と口を揃えて言われ、「日本の弁当ほど細部にこだわらないよ！」という言葉に、そういうものかとクールダウンした。

ビュッフェスタイルの自助餐もある

台湾らしい弁当システムとしては、自助餐《ジージューツァン》がある。いわゆるビュッフェ形式のお店で、持ち帰るならば紙の弁当箱、店内で食べるならば紙のトレーを持って列につく。

自分で好きなおかずを詰めて重量あたりでお金を払う店と、おかずを指さしで選んで詰めてもらい品数で払うスタイルがある。

システム自体

臺鐵便當本舗で買った懐舊排骨菜飯は、ご飯も味つきでゴージャスだった

素食自助餐のお店。カラフルなおかずがこんなにたくさん！野菜の形がわかるものだけでなく、肉や魚を模したもの、寿司のようなものまで多種多様

は普通だが、特筆すべきはその品数の多さ。私が行ったのは素《スー》食《シー》という台湾ベジタリアンの店だったのだが（台湾は仏教に基づくベジタリアンが多い）、作りたてのおかずはやさしい味付けでどれも体に馴染み、野菜がたっぷり食べられる。食べ応えのある大豆ミート系のおかずや揚げ物も豊富で大満足。

ご飯をつけても110元（約530円）、イートインだと無料でスープまでついてくるのだから、確かに職場の近くにあったら毎日頼ってしまう。ピークタイムは昼と夕方の2回で、夕飯を食べに来る人も多いそう。

自助餐で詰めた私の「弁当」。中央の三点はすべて大豆加工品、真ん中左の黒縁のものは魚の筒切りを模している。見た目にも楽しませてくれる

「便當《ビエンダン》」と「弁当」は別物

ところで、台湾の中国語（台湾語）では弁当のことを「便當」と書く。かつては「飯包《ファンパオ》」という言葉が使われていたそうだが、日本統治時代に伝わった「弁当→便當」の方が浸透し、今は便當の方が一般的。飯包は、昔ながらの雰囲気を出したい店名に使われる語のようだ。

そう、便當は中国語（北京語）にはない台湾独自の言葉なのだ。街中でしばしば「便當」という漢字を目にし、はじめは「日本と同じものがある！」と興奮していた。しかしそのうち、どうも違うようだぞと薄々気づいてきた。

というのも、夜の屋台にも「便當」の字をよく見るのだ。台湾風の鶏めしである雞肉飯《ジーローファン》の屋台では、「雞肉飯30元」と並んで「雞肉便當70元」の文

字が。便當の方が値段が倍以上するのは、野菜などの副菜も一緒に箱に詰めるかららしい。テイクアウト専門の惣菜店や、持ち帰りできる町食堂でも、しばしば便當の字を見かける。弁当って、家から持参するものではないのか？

２０１８年に台湾の調査会社（博思市調公司）が行った調査によると、台湾の外食する人の割合は、朝食54・1％、昼食66・7％。アジア有数、いや世界有数の外食国家ではないか。家から弁当を持って行く人が少ない中で、便當は箱に入ったテイクアウトできるご飯のことを指すようになっているのではないか。そんなことを思って、台湾在住の人に聞いてみると、

「そうだね、便當はテイクアウト。でも小籠包や麺類をテイクアウトしても、それは便當とは言わない。ご飯と主菜のタンパク質おかずと副菜の野菜がある『完全な食事』の箱をイメージするかな」という返事。

また、悟饕池上飯包のような例外はあるものの、基本的にはおかずが何種類も入るのではなくご飯の上にどーんと主菜がのって副菜は炒め野菜が1〜2種類という型である点、温かい状態で食べる点も、日本の弁当との違いだろう。日本統治の時代から１００年近く経ち、便當はすっかり台湾固有の文化になっているのだ。

弁当箱は30個
日式弁当を作る強者も

便當の進化はさらに続く。

台北に住むアマンダさん（冒頭のアマンダさんとは別の方）は料理を仕事にするほどの料理好きで、20代の娘さんの弁当を毎日作っ

こちらの店では惣菜を詰めてくれる

屋台でもメニューの４番目と５番目に「便當」の文字

ている。弁当の記録はインスタグラムに上げていて、そこに並ぶ写真は日本の弁当好きも顔負けの凝りようだ。

「弁当箱は30個くらい持っていて、その半分以上は日本で買ったもの。かわいいのは日本の方があるからね。ピックもプラカップも引き出しいっぱい持ってるよ。朝の弁当を作る時が自分の時間だから、大好きなの」

肉団子と野菜のおかずを詰め、小さくカットしたレモンをピンセットで飾り、カリカリの目玉焼きをオン。画面の中で見るような弁当が目の前に出来上がった。職場の同僚はほとんど外食のため、職場には電子レンジがないが、娘さんは冷めた弁当でもOKなのだという。

アマンダさんの手作り弁当。ここまで凝った弁当はさすがに稀のようだが、手作り弁当の写真をアップするFacebookグループもあるという

それから、学校に持って行くお弁当事情。アマンダが教えてくれたところによると、台湾の学校にも給食はあるが、給食か弁当持参か選ぶことができるのだそう。加えて私立学校や高校では全員弁当持参の学校も。つまり、弁当持参の児童生徒も一定数いるのだ。

しかし。驚いたことに、弁当という選択をしたとしても、弁当を持たせなければいけないわけではないのだそうだ。

親が学校近くの弁当屋にお金を渡しておいて毎日用意してもらったり、ウーバーイーツで親や本人が注文したり。「昼時になると校門の前にウーバーバイクが行列するんだよ」という話は、私の想像の外。日本の母た

学校に通う子どもたちは、この蒸し器に弁当箱を入れてまとめて温める。すべての弁当のにおいが混じるので、何とも言えないにおいになるが、大人たちにとっては思い出話のタネでもある

ちが早起きして弁当を作る話をしたら、「頑張りすぎだよ！力を抜いて」と何度も言われた。

2020年創業
若者に人気の
ヘルシー弁当

調査を終えて空港に向かおうとしたら、ひと味違った弁当屋に遭遇してしまった。駅前で30代くらいの若者が行列していたその店は、給力盒子（GET POWER）というチェーン店だ。間口1メートルほどでレジカウンターだけ。ロゴも外装も青字に黄色という配色で、一瞬食べ物の店に見えなかった。しかし、壁に貼られたメニューを見ると、ヘルシーな弁当屋のようだ。鶏むね肉、焼きサバ、豆腐といった何種類かのメニューがあり、それぞれにカロリー表示付き。高タンパク低脂肪で食物繊維豊富を謳い、たっぷりの野菜と茶色くない系おかずが並んでいる。

ここだけの話だが、最初おいしそうに見えなかった。一般的な台湾弁当は、タレのしっかりからんだ揚げ肉がどーんとのっていて、濃い醤油色の煮物が渋く輝いている。色白な鶏むね肉がころころしているのは、迫力に欠けるのだ。しかも一つ120元（約580円）で、量や内容を考えると、割高感がある。

だが、これだけ人気のようならば食べないわけにはいかない。列の最後尾につき、メニューの一番目に描かれていた「椒《ジャオ》鹽《イエン》水《シュイ》煮《ジュー》雞《ジー》胸《シオン》（塩胡椒味のゆで鶏むね肉）」を注文した。

手渡された弁当箱は、色も形もスタイリッシュで、持って歩くとヘルシー志向で感度の高い若者になったようで気分が良く、さっきまでの疑心暗鬼が薄れていった。

中身は、びっくりするほど野菜が多く、食べ続けても疲れない薄めの塩味。ヘルシーそうな

若者が並ぶ給力盒子の椒鹽水煮雞胸。油をほぼ使わないのですでに相当ヘルシーだが、さらにご飯をゆで野菜に置き換えるオプションもある

見た目の鶏むね肉は、疑いの目を向けていたことを謝りたくなるほど絶品。しっとりして、肉のうまみがしっかりあり、胡椒ががつっと効いて満足感もある。

ご飯は濃い紫の雑穀米で、噛みごたえがあるので控えめな量ながら満足感十分。この弁当からは、台湾屋台を思わせるあの五香粉系のスパイスの香りがいっさいせず、日本で食べてもまったく違和感がない味付けだ。

給力盒子は2020年創業で、2024年7月時点で23店舗にまで増え（給力盒子HPより）、店舗注文以外にウーバーイーツなどのデリバリー利用も多い。他にもヘルシー系の弁当の会社は増えている。

最後の最後にセブンイレブンの弁当売り場に立ち寄ると、鶏肉と豆腐と卵の弁当が「タンパク質30g！」を訴えかけてきた。近年日本でもタンパク質ブームだが、ここでもか。アジアでもヨーロッパでも南米に行っても、同じトレンドだ。

台湾と日本でそれぞれの進化を遂げてきた、便當と弁当。しかしながらまったく別々の道を歩んでいるのかというとそうではなく、互いに影響し合い、また同じ時代のトレンドを反映し、刺激し合って成長している様子は、兄弟のようでもある。便當の進化から目が離せない。

セブンイレブンの高タンパク質弁当。コンビニ弁当もやはり「のっけ弁」スタイルで、日本のものよりだいぶ容器が深く、ご飯を敷き詰めた上におかずがのっている

韓国編 お隣の国のお弁当事情

懐かしのアルミ箱弁当がドラマとSNSの影響で流行中

こんなに近いのに

韓国と日本の間は飛行機で約2時間。空港への行き来や待機時間を考えなければ、新幹線で東京から大阪に行くのと変わらない。そんなに近いのに、韓国に乗り継ぎ以外で行ったのは初めてだった。家の近所の素敵なカフェのようなもので、いつでも行けると思うとタイミングがないものだ。

それくらい近いから、弁当文化もきっと日本と似ているのだろうと思ったら、和食が甘くて韓国料理が辛いのと同じくらい当たり前に、弁当文化も全然違った。都市では弁当を持参する人を探すのに難航し、街で買う弁当もだいぶ様子が異なっていた。

若き起業家が弁当派の理由

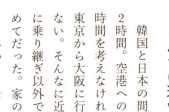

テグの中心街は、高層ビルが立ち並ぶ。真ん中のビルに、テイさんが入居するシェアオフィスがある

テイさんのお弁当は保温容器。韓国も、台湾と同じく冷たいご飯は敬遠されるそう。温かい食事への志向と手ごろな飲食店が多数あることが、人々が弁当を持参しない理由になっているようだ

テイさんは、韓国南部のテグ市に住む起業家で、妻と11カ月の息子と3人で生活している。藻のタンパク質を活用した植物性プロテインバーを開発し、スタートアップのシェアオフィスに拠点を構えている。初めて出会ったのは日本でのことだったのだが、今回韓国弁当調査について相談していたら「ぼくは弁当持って行くよ」と言うので、これはと思って行き先を首都ソウルではなく第三の都市テグに決めたのだった。

「弁当は、週の半分くらい持って行くよ。体重制限のためにね」

この日の弁当は、チキンと野菜のスープ、ひよこ豆ご飯、ミニトマトとブルーベリー。野菜たっぷりでタンパク質豊富だ。スープは前日の夕飯に彼が多めに作ったもの。普段の料理は、彼と妻のいずれが作ることもある。

しかし体重制限といっても、彼はそんなに太っているようには見えない。「そんな必要あるの？」と尋ねると、ため息混じりの笑いとともに教えてくれた。

「妻がね、妊娠中うんと食欲が増えたんだ。ぼくも付き合って一緒に食べていたら、15キロも太った。妻は出産後元に戻ったけれど、ぼくはそのまま。それで先日妻と約束したんだ、半年後までに体重を元に戻すって。だから本気だよ！」

なんて心やさしい犠牲なのだ

今回の調査で大いにお世話になったテイさん。藻由来のプロテインバー「itprot」を開発し、販路拡大に奮闘している

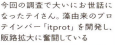

ろう。確かに、外食はカロリーが高くなりがちだ。ヘルシーなデリバリーも登場してきてはいるものの、彼のように家で料理する人であれば、自作の弁当の方がより融通が利いて安いだろう。

驚くほど充実した無償の学校給食

「弁当と言えば……」と、遠い目をしてテイさんは語り始めた。

「ぼくの通っていた高校は、夜22時までだった。授業は17時くらいまでなんだけど、その後は給食を食べて自習の時間。昼と夜の2回給食があったんだ。で、その後迎えに来てくれた母の車で弁当を食べた。食べ盛りだったんだ」

なんだって……？　夕飯の後にまた弁当を食べるという食欲以上に、そんな夜遅くまで学校で勉強しているということ、そのために給食が2食あるということに驚いたのだ。しかし、驚くのはまだ早かった。

「どうして家に着くのを待たずに車の中で弁当だったの？」と尋ねたら、「その後塾に行って24時まで勉強するんだ」と。

韓国の受験戦争の厳しさは世界的にも知られるところだが、それくらいしないと勝ち抜けないのだという。

まさか弁当の思い出が、深夜の塾弁だったなんて……。今は起業家となった彼に、ますます頭が下がる。

韓国家庭で弁当を作らない一つの理由として、小学校に始まり

日韓の給食事情比較

	日本	韓国
対象	小中	小中高
費用負担	有償（一部無償化）	無償
学校給食法	1954年制定	1981年制定
どこで作る	自校給食または給食センター方式	小規模校等以外は基本的に自校給食
特徴	・給食当番が配膳 ・外国の料理もありメニュー多様	・調理師が配膳 ・伝統食文化に重点

学校のカフェテリアのモニターには、栄養情報、アレルギー情報、食材の産地といった情報が順番に表示される。こういった食に関する情報の提供も、学校教育法の定めるところの一つだ

協力：ヘオル高等学校

高校まで続く無償給食の存在もありそうだ。「韓国の給食は、実は日本と似た歴史をたどっているんだよ」とテイさんは教えてくれた。

いずれの国も給食開始は1900年代初めで、貧困児童の救済及び均等な教育機会を与えることを目的として始まった。戦後は栄養改善・栄養補給を目指し、その後教育的観点に重点が移され、日本は1954年、韓国は1981年に学校給食法が制定され、今に至る。

時期は日本が先行していて、また学校給食の目標も多少の差はあるものの、ご飯と汁物とおかずという完全な形の温かい食事が提供される点と、給食が単なる栄養補給ではなく教育の一部ととらえられている点は共通。これだけの充実した給食を提供している国は、世界でも珍しい。

給食でもやっぱり「まぜる」が基本

そんな学校給食を実際に見たくて、テグ市内の高校にお邪魔させてもらった。

案内されたのは、明るく広々したカフェテリア。12時過ぎになると、昼休みになった高校生たちが続々とやって来た。間仕切りのついた金属のトレーを持って列に並び、ご飯やおかずを一つ一つ盛ってもらう。盛り付けるのは給食当番ではなく、調理師さんたち。おかずの数が多く、両手でおたまを持って盛り付けていく。

空いている席について、食べ始める生徒たち。いっせいに「いただきます」や「ごちそうさま」を言うことはないけれど、一緒に食べることを大事にするのが韓国文化。友達同士でテーブルについて、一人でぽつんという人は見当たらなかった。

カフェテリアの空いているテーブルについて食べる子どもたち。四色そぼろは、全員自然にまぜて食べている

今日のメインは四色そぼろ。スプーンですくって食べる……かと思いきや、スプーンでよくまぜてから食べる。韓国料理は、ビビンバはじめ、まぜて味を作るものが多い。みんなまぜ上手だ。

そして、食べるのが早い。15分ほどで食べ終えて、食器を返して部屋を出て行った。昼休みは1時間あるけれど、遊びたいのだ。

おかずのヤンニョムチキンは人気メニュー、それに汁物のスンドゥブ、じゃがいもの甘煮、水キムチ、デザートのプラムもついて食べ盛りの高校生でもお腹いっぱいのボリュームだ。

「キムチは毎日必須。いろんな種類のキムチがあるよ。学校給食法で〝伝統文化の継承〟が重要とされているからね」と栄養士のノさん。この学校は人数が多いのでキムチは購入しているが、自家製する学校もあるという。伝統文化としてのキムチって、それほどまでに重要だったのか。徹底ぶりに恐れ入る。

見せてもらった月間献立表には、朝昼晩三食のメニューが書かれていた。通学生は昼だけだが、寮生活の生徒たちには一日三食なのだそう。

給食はあるものの、親がまったく弁当を作らなくてよいかというとそんなことはなく、遠足の日などは弁当持参。そういう時のメニューは、誰に聞いても「キンパ（韓国風海苔巻き）！」と言う。確かに、街中のテイクアウト店舗でもキンパは定番。市場のそばのお店で買ったら、箱に入れるのではなくアルミホイルにくるくるっと包んで渡してくれた。これは食べ終えた後のごみもコンパクトで都合がいい！

弁当とセットで買う定番は……

では、働いている人たちは昼食をどうしているのか。

大きな会社は社食がある。そうでない人も、町中の

市場のお店のキンパは、作り置きではなく頼むとその場で作ってくれた

Hansotの店内に入ると、まるでほっかほっか亭。違いを感じるのは、レジ下にずらっと並んだインスタント麺

至る所に屋台や食堂がある。昼時の市場を歩くと、ずらりと並んだ屋台にひっきりなしに人が来て、麺類やご飯ものと向き合っている。カウンターの上にどんと置かれた、山盛り青唐辛子。これを左手に持ってかじりながらご飯を食べる人々。強いなあ。

　それから弁当屋もある。「韓国最大の弁当チェーンだよ」と教えられた「ハンソット（Hansot）」は、探すまでもなく見つかった。街中に何カ所も店舗があり、ほっかほっか亭を思わせるロゴと外観は、探していなくてもつい目が止まってしまう。店に入ると弁当の影はなく、タッチパネルで注文する形式。メニューは多くて、弁当箱に入ったもの以外にも丼ものや麺類があって目移りしたが、安くて定番と思しき「トンチスパム弁当」に決定。端末で支払いまで終えて、店内で待った。

　ハンソットは、在日韓国人の方が始めたビジネスらしい。システムが日本のほっかほっか亭はじめ弁当チェーンとそっくりなのは、本家かまどやから技術を学んだためとされる。

　日本の弁当チェーンと違うのは、広々としたイートインスペースが併設され、レジ下にやたらインスタント麺がたくさんあること。なぜ弁当屋に来て弁当ではなくインスタント麺を食べるんだ……と思っていたら、私とほぼ同時に来店した人が、弁当を受け取り、インスタント麺に湯を注ぎ、席について食べ始めた。両方か！

　韓国は、一人当たりのインスタント麺消費量が圧倒的世界一。受け取った弁当を、イートインのスペースに腰掛けインスタント麺をあいの手に食べる。これが韓国のほっかほっか亭「ハンソット」のスタイルなのだ。

　さて、私のトンチスパム弁当が出来上がった。ご飯にスパムがのって、トンカツと鶏の唐揚げが入り、見た目も味もまるで日本の弁当。唯一違うのはキムチが入っていることか。トンチが何かわからないままに、まだ知らぬ韓国おかずを期待して頼んだのだが、どうもトンカツ＋チキン＝トンチだったようだ。仕組みだけでなく、味まで日本の弁当ではないか。

　健康と質を意識したハイグレードな弁当屋もある。知人に教えられて訪れた「Bon Dosirak」は、注文の仕組みはハンソットと同じ、値段は約1・5倍。汁物付きのセットがあり、副菜の数も多い。

　二色プルコギセットは、渡された瞬間、そのトレーの大きさに驚いた。よくある食堂のお盆サイズ、ゆうにA4以上はありそうだ。韓国の食卓は小さなおかず（パンチャン）がたくさん並ぶのが特徴だが、まるでその食卓をそっくりトレーの上に持って来たかのよう。

Hansotのトンチスパム弁当。左上がキムチ

　そう言えば、伝統的な韓国料理は汁物がマストであったために、弁当はなかなか普及しなかったという話を読んだことがある（いつの時点の伝統かは不明）。そういう意味でもこの弁当は弁当らしくない。ご飯は雑穀米、副菜は野菜多め、肉は炒めたてのフレッシュな焦げ風味があり、帯には「毎朝新鮮なスープをとり……」などと説明が書かれている。上質なほか弁であった。

　しかし、この仕切りの多い弁当箱。ご飯の上におかずをどーんとのせる台湾とは対照的だ。この店オリジナルなのだろうか？　と思ってコンビニに行ってみたら、コンビニ弁当も同じ形で、四角い小さな間仕切りがたくさん。パンチャンの小皿が並ぶ食卓をそのまま持って来たかのようだ。

最近人気の「思い出の弁当」って？

韓国は、ここ30年くらいの経済成長が目覚ましい。1960年代には隣国北朝鮮よりも生活が貧しいくらいだったのが、1960年代後半以降に輸出振興政策を推進して高度経済成長を経験。1990年からの30年間でGDPは約5倍になり、今や一人当たりGDPは日本とほぼ同水準となった。

「ぼくの両親が学校に通っていた1970年代頃は、今ほど外食もできなかったし、給食もなかった。学校には弁当を持って行って、教室のストーブの上に並べて温めたらしいよ」とテイさんは教えてくれた。弁当箱は熱伝導率が高いアルミ製で、中身はご飯に安いピンクソーセージに、安価でカルシウムを摂れる小魚、それからもちろんキムチ。黒豆も定番のおかずだったという。

Bon Dosirakの弁当は、もはや食卓そのまま持って来たかのよう。ご飯もスープも家の味のようでほっとした。右の四品がパンチャン。やはりキムチ（右上）はマスト

「今はそんな弁当を持って行く人はいないけど、その世代の人たちにとって共通の思い出らしいよ」。なんだか、日本の日の丸弁当のようだ。

日常的に家から持参する人はいなくなったこのアルミ弁当だが、実は最近注目を浴びていて、「チュオゲトシラク（思い出のお弁当）」という名前でサムギョプサル屋や町食堂のメニューに時々あるのだそう。調べると、TikTokで韓国のほかにも人気は広がっているようだ。きっかけは、Netflixの韓国ドラマ・イカゲームで登場したことらしい。韓国ドラマの力はすごい。

とはいえ、これが日の丸弁当

だったらおそらく顧みられることはない。特徴は、なんといってもその食べ方だろう。

「蓋をしてよーく振るんだ。そうすると全体がまざってビビンバみたいになる」

なんだって！　確かに、韓国の食文化は、まぜることで味を作る文化だ。だが、まさか弁当までもまぜるなんて。

蓋をして、「まぜる」弁当

興味半分怖さ半分、でも味は想像できてしまうしなあと思いながら、教えてもらった町食堂に出かけて行った。レトロな雰囲気のお店に入ると、おばちゃんたちが厨房で忙しく働いていて、近所の工事現場労働者と思しきお客さんたちが入って来た。

「チュオゲトシラク一つください」

隅のテーブルで頼むと、ものの5分ほどで、おばちゃんはたっぷりのパンチャンとともに弁当箱を運んで来てくれた。いざ、蓋を開ける。蓋を開けるという行為は、中身がわかっているのに、なぜこうもわくわくするものか。

現れたのは、思いのほか綺麗に盛り付けられたおかずたち。目玉焼きはTikTokで見た半熟とろりではなく、しっかり固焼き。そうそう、弁当はこうでなくちゃ。

目玉焼きはそのままだと大きいのでスプーンでざっくり切り、ピンクソーセージも小さくし、蓋をして全力で振る。1〜2分振って、期待いっぱいに蓋を開ける。するとそこには、まざるどころか巨大な白おにぎりと化したご飯がでんと座っており、その周りをおかずが囲んでいた。TikTokのようにうまくはいかないものだ。

スプーンでざっくりまぜてもう一度振る。蓋を開け、先ほどよりは小さくなったかたまりを崩してもう一度。何度かスプーンの助けを借りて、ようやくまざった。TikTokの人たちはどうしてあんなに綺麗にまぜられているんだ？

味は、想像の10倍おいしかっ

具材は清貧で、右上から魚炒め、ピンクソーセージ、そしてキムチ。「キムチを少しの砂糖を加えて炒めるのが重要だよ」と店のおばちゃんに教わった。昔は石油ストーブにのせて温め、キムチの匂いが立ちのぼったそう

振るだけではうまくまざらず。最初からスプーンでまぜた方がとも思ったが、振るエンタメ性も含めておいしさというものだろう

た。単におかずがまざっただけでなく、甘さと辛さとそれぞれの味が一体となって、まるでチャーハンのように新たな料理になっているのだ。これは、弁当ビビンバだ。味のまとめ役は炒めたキムチ。今回の滞在では数々の弁当を食べたが、どんなお弁当にもつきもののキムチは、単なるおかずの一つではなく、味をまとめ上げる主役級の役割を担っているような気がしてならない。

ビビンバも、給食の四色そぼろも、韓国の人たちはまぜて味を作ることに長けている。弁当までまぜるなんて驚いた。しかし、これ朝5時に起きて小さなおかずを丹念に詰めている日本のママパパに見せたら、卒倒しそうだ。

弁当の体験をコンテンツに

たっぷり入っていたご飯をもりもりと食べ、最後におばちゃんに聞いてみた。

「なんでわざわざ食堂でお弁当を出しているんですか？」

おばちゃんはにっこり笑って教えてくれた。「来た人にほっとしてほしいからね。このお店、昔の食堂風にしてるの」

なるほど、この内装はあえて古風にしているのか！

昔の弁当が、昔を懐かしむ人たちに親しまれているだけでなく、その時代を知らない若者たちにエンタメとして楽しまれている。さすがコンテンツ産業を国策で推進する韓国だ。欠乏の時代の弁当すらも、ドラマがきっかけで光を浴びるのだから。

column

単なる「弁当代わり」にあらず 世界あちこち給食模様

多くの読者は、小中学校の昼食は弁当ではなく学校給食だったのではないだろうか。給食で好きだったメニューの話になると、誰しも一つは語ることがあるくらい、給食は我々の思い出の一部になっている。

しかし世界を見渡すと、学校給食がない国も多い。あったとしても貧困層向けなど対象が限定されていたり、希望者のみだったり。世界の給食のいくつかを眺めてみたい。

まずは日本。日本の給食は世界に注目されている。主な理由は、毎食ごとに栄養価が計算されたバランスの良さ、配膳や片付けを子どもたち自らが行うこと、食を教育の一環ととらえていることなど。私は学校で授業をした際に給食をいただく機会があるのだが、地元食材を使ったり外国料理をテーマにした日があったりと、最近の給食はさらに進化していて驚く。

アメリカの給食は、商業色が強い。限られた予算で給食を実施するため、宣伝したい企業が安価で商品提供することが多く、給食にお菓子やジャンクフードが使われることが珍しくない。資本主義の国らしい。私は1年だけアメリカの幼稚園に通ったことがあるが、チョコミルクと普通のミルクが選べてうれしかったことをよく覚えている。

フィンランドは、世界で初めて完全無料給食を実現した国として知られている。人気メニューを子どもたちに聞くと「マカロニラーティッコ！」と返ってきた。ひき肉入りマカロニグラタンのような料理だ。給食の目的として「将来にわたる平等性への投資」が掲げられているのが興味深い。家庭環境によらず誰もが同じ食事を得られることや、親の料理負担を減らすことで男女の労働機会平等に寄与するというのだ。さすが北欧の福祉国家。これは徹底していて、ヘルシンキ市では夏休みも公園で温かい食事が配られる。おかげで親は安心して働けるというわけだ。

各国の給食に出会う中で、給食は「弁当代わりの昼食」というだけでなく、各国それぞれの政治や経済の意思があることを知るのだった。

フィンランドの給食。上：ビュッフェ形式で野菜たっぷり　下：今日のメニューはひき肉ソースとパスタ

第3章

お弁当持たずにソトごはん

焚き火専用鍋で雪の中の外時間

ピエチョンキ

ポーランド

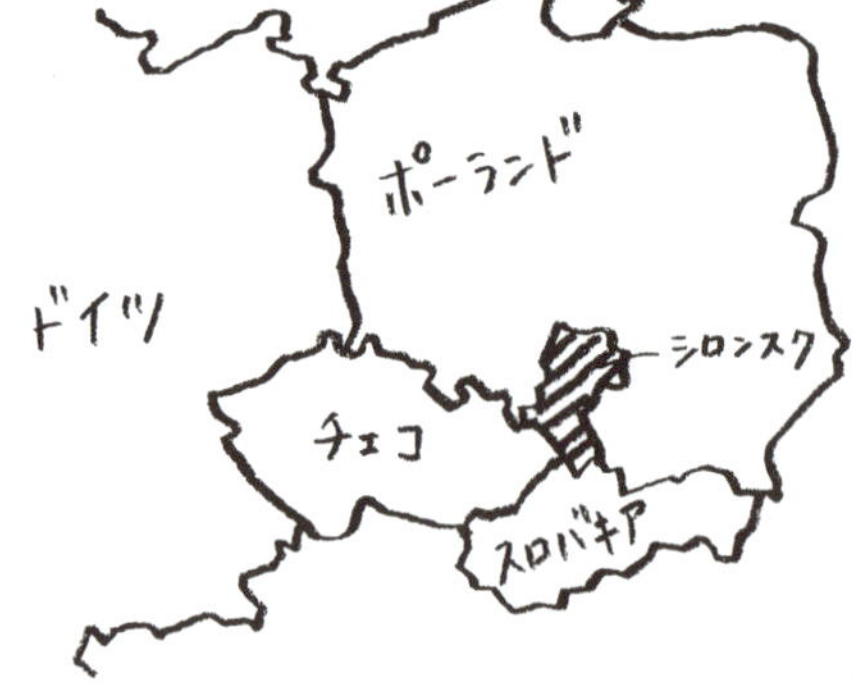

焚き火料理を家の庭で

焚き火好きというのは、どこの世にもいるものだ。

「ぼくの家族は焚き火が大好きでね。実家の焚き火スペースで両親が今夜やるらしいから、ぼくたちも行って焚き火料理をしよう」

そう言われた時は、これはかなりハイレベルな焚き火好きだぞと予感した。

それはポーランド南部、シロンスク地方の町外れでのことだった。滞在したのは11月の末だったが、すでに小さな雪だるまができるくらいには雪が積もっていた。

マツィックとアグネシカ夫婦は、私が学生時代にウィーンに留学していた時の親友で、もう10年来の付き合いになる。毎年メッセンジャーで「今年は行くね」と挨拶を交わしながら年月が経っていたので、寒い時期の寒い国々に行くことにした時、ついでに寄ることにしたのだ。ポーランドも、真冬のワルシャワに薄着で降り立って凍えた思い出があるので、「うんと冬寒い国」と認識していた。

キッチンの窓からの雪景色。この年はよく降った

二人は留学中に結婚し、今はハリー・ポッターに大はまり中の娘ゾーシャと自動車が大好きな息子マイケルと4人家族となっていた。

さて、夜は焚き火で料理だなんて言われたら、朝からそわそわしてしまう。この日はマツィックもアグネシカも在宅勤務だったので、私もリビングのテーブルで書き物をしていたのだが、何度も時計を見て落ち着かない。16時になろうかという頃、早めに仕事を切り上げたマツィックが二階の仕事部屋から降りてきて「出かけようか」と言うなり、PCをバタンと閉じてコートを羽織った。

まずはスーパーに寄って買い物。肉加工品売場が圧巻で、ソーセージやベーコンやハムがショーケースにこれでもかというくらいたくさんの種類並んでいる。パッケージに入ったものだけでなく、量り売りのコーナーも。

「ポーランドのソーセージはキウバサって言うんだけど、種類もおいしさもどこの国にも負けないと思う。本物の肉の味わいがしっかりあってね。燻製香のしっかりあるものから血で作るものまでいろいろあるんだよ」

そう言いながら、マツィックはむっちり太いキウバサを量り売りで購入した。

焚き火専門鍋は三本脚

スーパーで食材の買い物をして、彼の実家に着いたのが17時過ぎ。外はもうすっかり暗くなり、庭では焚き火の支度がされている。広大というわけではないけれどゆったりした庭で、家の建物から30メートルほど離れた庭の隅が「焚き火スペース」になっている。しかしなかなかに気合の入った空間だ。ちょっと落ち葉を焚きましたというものではなく、火を囲むように自作のベンチが並び、薪置き場がすぐそばにあり、ワインオープナー常備でグラスの置ける小机まである。

火の支度をするのはマツィックの父さん。ベンチには隣の家の夫婦も腰掛けておしゃべりしている。父さんは「ワイン飲む?」と勧めてくれたが、料理の支度が気になって仕方ないし飲めないのでそそくさと台所に向かった。

台所では、マツィックの母さんが食材を並べていた。じゃがいも、にんじん、ビーツなどの野菜、そしてキウバサとベーコンなどの肉類各種。カウンターの上に山積みだ。

台所のカウンターに並べられた食材。肉類の種類の多いこと!

野菜や肉を順番に入れ、鍋いっぱいぎりぎりまで詰めていく

「これを使うんだ」
マツィックが取り出したのは、三本の脚付きの鋳鉄鍋とでもいったらいいのだろうか、見たことのない調理道具だった。鍋と呼べなくもないけれど、やたら縦長で深くて、しかも鍋の深さと同じくらい脚が長い。蓋はのせるだけでなくネジのような金具をグイッとひねって密閉する頑強な仕様。おもしろい形だ。

屈強そうなのに脚がすらっと長くてどこかコミカルなその姿をしげしげと眺めていたら、マツィックは蓋を開けて中に塊のラード（豚脂）を塗りつけ始めた。見入っていると、横で母さんが野菜の皮むきを始めたので、あわてて私も皮むき器をにぎった。じゃがいも、にんじん、ビーツ、たまねぎ。母さんの指示にしたがって、皮をむいて大ぶりにスライスしていく。

それから、キウバサとベーコンもカット。キウバサは粗挽きで、しわしわの焦げ茶色の皮からは燻製の香りがふわっと香り、切ると肉部分と脂身のコントラストが本物の肉という感じ。ベーコンは生ハムのようにフレッシュな紅色で、どうも非加熱のようだ。いずれも先ほどスーパーで買って来たものだが、そこに「これも使いなさいよ」と母さんが冷蔵庫を開けてさらにしわしわのキウバサと塊ベーコンを出して来た。肉だらけだ！

そして、揃えた食材を順番に鍋に入れていく。アグネシカとマツィックの共同作業だ。まずは焦げつき対策として、キャベツを鍋の内側に沿わせて敷く。

マツィックは、ぴっちり沿わせてから「あ、忘れていた！」と言って底のキャベツをめくってベーコンの脂身をすべり込ませた。これがいいうまみを出してくれるのだという。確かにこの脂が溶けて焦げだしたらたまらないだろうなあ。

それからキャベツを敷き直して、アグネシカがじゃがいも、にんじん、ビーツ、たまねぎと重ねていく。私も手伝う。重ねるたびに塩とマジョラムなどを振りながら。ここでコロコロに切ったベーコンを全体に散らし、もう一度じゃがいもからたまねぎを順に重ね、今度は輪切りのキウバサをたっぷりのせる。

そうして鍋いっぱいまで満たし、最後に薄切りのベーコンをかぶせてキャベツの葉っぱで覆い、山盛りになったそれをぎゅうぎゅうと押し込んで蓋をのせてネジで密閉。

ただでさえ重たい鋳鉄鍋がいっそう重くなった。これを焚き火まで運ぶのはマツィック。ダウンと毛糸の帽子を身に着け、左手に鍋を提げ、右手に赤ワインの入ったワイングラスを持ち、「さあ行こう！」と満面の笑みで焚き火に向かう。雪遊びをしていた子どもたちも駆け寄って来た。

鍋と歌との焚き火時間

雪の上を歩いて焚き火に到着すると、ご近所夫婦がさらにひと組増えて、おしゃべりに花が咲いていた。燃え盛る炎のへりに脚長の鍋を置き、私たちも焚き火の輪に加わった。

父さんは炎を操り、鍋が半分だけ火に入るように置き直した。

　ワイングラス片手に火を囲んでおしゃべり。氷点下で雪も舞っているけれど、火の周りは寒くない。そのうち近所の友人フランクがギターを取り出して弾き始めた。「彼はギターの名手なんだよ」と父さん。民謡のようなやさしいメロディはみなが知っている曲のようで、誰からともなく口ずさみ、唱和した。火の周りの一体感。そのうちシューシューという音が聞こえてきた。

「あ！　鍋！」

シューシューという音で一同の歌に唱和しているのは、十分に温まった鍋だった。音だけでなく蓋と本体の隙間から白い湯気がもうもうと吹き出してきて、浦島太郎の玉手箱並の勢いだ。

　その鍋を棒を使っては向きを変え、全体が均一に熱せられるように操る父さん。マシュマロを串に刺して焼いては食べる子どもたち。彼らの面倒を見ながら、炎に照らされたその笑顔を写真に収めようとするアグネシカ。母さんは「これも焼こう」と血のソーセージを出して来てトレーに乗せて火の中に置いた。みな火遊び力が高い。一体感はありつつも、思い思い好きなことをやっていて、なんだか楽しい空気が満ちている。

　そのうちいい匂いもしてきて、待ちきれなくなった。「そろそろ？」と尋ねれど「もうちょっい」と言われる。1時間ちょっとした頃、鍋を火からはずした。

焚き火の中のピエチョンキ。長い脚の理由がようやくわかった。普通の脚なし鍋だったら火に近すぎて丸焦げになってしまいそうだ

マツィックがあつあつの鍋をぶら下げて家のテラスまで運ぶその後ろからついていくと、暗い中に赤くなった鉄の三本脚が煌々と光っていて、ものすごい熱さが伝わってくる。怖くて私は運べないや……。

湯気上るピエチョンキと焚き火一家

そして、いよいよ鍋を開ける。蓋をはずした瞬間、氷点下の空に湯気がもうもうと立ち上った。それが収まると焦げたキャベツの葉が顔を出し、めくると中にはくったりやわらかくなった野菜たち。ビーツの赤色がキャベツやじゃがいもに移って、全体がピンク色に染まっている。

皿に盛って、一人一人に渡していく。椅子の数は人数に対して全然足りていないけれど、みな待ちきれず立ったまま食べ始めたので問題ない。

ああ、うまい！　本物の炎で、外から水分や味を加えることなく圧力調理された野菜たちは味わいが凝縮し、キウバサやベーコンから出る本物の脂を吸い、素晴らしくうまい。

「ピエチョンキはポーランド

完成した鍋の蓋を開けると……湯気で何も見えない。外側を包んだ黒焦げキャベツをめくると、ようやく中からほくほくになった野菜や肉類が顔を出す

出来上がったピエチョンキ。冷めないうちに食べなくては！

の中でもここシロンスク（ドイツ名はシレジア）地方の料理なんだよ。鉄鉱石が採れるから製鉄が盛んで、この鍋はすぐ近くのポレバ町で作られてきたんだ」と教えてくれるマツィック。それから、あっと思い出した様子で付け加えた。「ぼくたちの苗字は〝Piec〟なんだけど、どういう意味かわかる？　ピエチョンキ（pieczionki）の〝piec〟と同じで、焚き火っていう意味なんだよ」

なるほど、焚き火一家か！　そう言われると、これほどまでに焚き火に習熟しているのもなんだか納得しまう。

庭のテラスで、家族やご近所さんとピエチョンキを食べる。雪が積もる氷点下の日だったが、そういえば食べている時寒かった記憶がない。ピエチョンキが熱かったためか、興奮していたためか

一家の焚き火好きは、昔よくキャンプやハイキングに出かけたことから始まったという。

「焚き火があると話をするでしょ？　その時間が好きなの」と母さん。確かに焚き火の周りに生まれるおしゃべりは、料理をいっそうおいしくした気がする。家の庭でありながらアウトドア料理の醍醐味と大切な人たちとの時間が詰まったようなひと時は、本当に日常の贅沢だった。将来の家の庭には、焚き火スペースを作りたい。

森でもサウナ後でも
ソーセージさえ
あれば
大丈夫

マッカラ

フィンランド

日本人らしさはキャンプ飯にも？

キャンプ飯の進化が凄まじい。キャンプ経験の乏しい私などは、外で料理するといってもBBQか小学校の時の飯盒炊飯のカレーしか思いつかないのだけれど、雑誌の特集やインスタグラムを通して見るキャンプ飯事情は、本当にこれが屋外なのかと疑うほどに充実している。パエリア、すき焼き、ホットサンド、デザートはベイクドアップル……。焚き火で使えるホットサンドプレスやスキレットを携え、屋外の環境の制約の中で凝った料理を作り出す人々の情熱は、キャンプ場の焚き火に負けないくらい燃え盛っている。

もちろん、徹底的にシンプルに努め、BBQで肉を焼くことに至上の喜びを感じる人々もいるのだろう。私の乏しい観察に基づく話なので、思い込みがはなはだしいのはご容赦いただきたい。

ともあれ、キャンプにおけるエネルギーの多くを料理に費やす人たちの熱量はすごい。スキレットにメスティンにと次々登場するアウトドア調理用品は、実用的なデザインでありながら夢にあふれていて、私のようなキャンプに行かない人間も買いたくなるほど魅力的だ。

フィンランドの家で見せてもらったスウェーデン製アウトドア調理セットもかっこよかった。鍋類にバーナーやゴトクまでコンパクトに収納して持ち運べるのだから夢がある

家電にしてもお菓子のパッケージにしても、日本人は「もっと良くしよう」というカイゼン精神が強い。それが接客の場面では心を尽くした「おもてなし」と呼ばれ、国民性の話では「勤勉」とされる。キャンプ飯の進化も、そんな日本人らしさの表れの一つなのかもしれない。

北欧のフィンランドで経験したアウトドア飯は、その逆をいくものであった。国土の7割を森林が占め、森に頻繁に行く彼らは「森の民」と呼ばれるほど。外のアクティビティも盛んで、アウトドア飯にも熟達しているはずだが、外でのご飯の記憶といえば焚き火でマッカラ（ソーセージ）を焼いていたことばかり。しかしこれがなかなか満足度が高いのだ。

広い草地のサウナ村へ

初めてフィンランドを訪れたのは、初夏の7月のことだった。首都ヘルシンキから電車で小一時間の街に住む、夫婦と小学生の子ども2人の4人家族にお世話になった。子どもたちはちょうど夏休みに入ったところで、毎日たくさん一緒に遊んだ。

この国は北極圏にかかるほど北に位置し、本格的な夏は2週間ほどしかない。暖かくなりゆく日々に夏の気配を感じ、天気の良い日は隙あらば庭のテラスでご飯をし、太陽の光を懸命に浴びて過ごしていた。

フィンランドと言えば、サウナ発祥の国でもある。普通の家にも最低一つはサウナがあり、庭の夏用サウナと家の中の冬用サウナ、二つある家も珍しくない。この家の40前後の夫婦も、他の何万人ものフィンランド人と同様にサウナ好き。ある日の午後に父さんが「夏の間、土曜日だけオープンするサウナがあるんだよ」と言って、車でその特別なサウナに連れて行ってくれた。

フィンランドの夏は本当に美しい。すかっと青い空、輝く湖。森に入れば太陽をたっぷり浴びたベリーが摘み放題。家の中にいるなんてもったいない

着いたのは、大小30ほどの小屋が立つ広い草地。すぐ横には湖もあり、ここは国立公園なんじゃないかと思うほどに開放的だ。サウナと聞いて想像していたのとまったく違う光景に動揺しながらも水着に着替えて、みなと一番近くの小屋へ。扉を開けると、燻された匂いと熱気がムッと吹き出した。

「これはサウナの中でもスモークサウナって言って、薪を燃やして部屋を温めるんだ」と父さん。準備に何時間もかかるし小屋も老朽化するから、今はうんと珍しくなってしまったらしい。

「ここは、このままでは使えなくなってしまうスモークサウナ小屋をフィンランド全土から運んで来て70年代に作ったサウナ村なんだよ」

そんな話を聞きながら、小屋の中の段に座って煤けた小窓に子どもと落書きしていたら、指先が煤で真っ黒になってしまった。

サウナ後の楽しみはマッカラ

サウナ小屋を出て、湖の冷たい水を泳ぎ、また別のサウナ小屋の扉を開け、というのを何度か繰り返していたら、だんだん身体が軽くなり気持ち良くなってきた。同時に小腹が空いてきた。身体が軽くなったのはお腹が空になったからなのか？

そこに父さんが取り出したのは、クーラーボックス。いつの間に持って来ていたんだ！　そういえば家を出る前に「サウナ後のドリンクは何がいい？」と聞かれたっけ。

父さんはノンアルビール、母さんはココナッツウォーター、子どもたちと私はラズベリー味の炭酸水をプシュッとやる。周りを見渡すと、他の家族も同じようにクーラーボックス持参でプシュッとやっている。サウナで汗をかいてほてった体に、冷たいドリンクが沁み入るようだ。

ふぅ最高。

すると父さんは、クーラーボックスの中から次のアイテムを取り出した。マッカラだ。マッカラという単語は、「こんにちは」と同じくらいよく耳にしたフィンランド語かもしれない。ソーセージのことなのだが、フランクフルトのように太くて大ぶりのもので、特段高級そうでも手作り風でもない。真空パックに入ってスーパーで売っている、工業的でどこにでもある感じのソーセージだ。それを持って焚き火に向かう。急に子どもたちがそわそわしだした。

スモークサウナ小屋が立ち並ぶサウナ村。奥の方には、移設された古い小屋と湖が見える

焚き火はセメントで四角く囲まれて、その周りにはベンチがロの字に置かれていて、すでにいい感じに火ができていて先客がいる。ＢＢＱグリルというには簡素すぎるそれは、簡素なのに気が利いていて、刺股《さすまた》のような形の棒と、マスタードとケチャップのボトルが設置されていた。この状況でやることは一つ。父さんはマッカラの袋を開け、棒の先端に刺し、子どもと私に手渡した。他のお客さんに混じり、焚き火にかざす。

しばらくかざしていると、薄茶色だったマッカラが赤みを帯びてきて、皮がはじけた。そのうち油が滲み出て、テカテカしてくる。ジュージューという音

近年は動物性食品を食べない人も増えている。そんな人にはヴィーガンマッカラ。マッカラは単なる食品ではなく、ライフスタイルだ

が聞こえてきたら、食べ頃だ。

私は気が急いてもういいだろうかと何度も引っ込めそうになるのだが、子どもたちは熟達していて、じっくり待つことを知っている。焼けたタイミングを見計らって棒からマッカラをはずし、マスタードをたっぷりのせて、手づかみでかぶりついた。それを横目に見て私もかぶりつく。

ああ、いい。ソーセージってこんなにおいしかったのか。そよそよと吹く風はサウナ上がりでほてった体に心地良く、体の中からも外からも良いもので満たされるようだ。向こうのベンチに座っているおじさんは、海パン一枚でビール片手にマッカラにかぶりついて満面の笑みを浮かべていて、もうこれ以上の過ごし方があるかとこっちが幸せな気持ちになる。

そんな観察をしている私の横で、食べ終えた子どもたちは、おかわりのマッカラを自分で刺してまた焼き始めた。マッカラ、そしてまたマッカラ。

サウナ後のマッカラ。囲炉裏を思わせる四角い焚き火を囲んで、人々はめいめい持参したマッカラを焼く。奥に座った父さんは、火の様子を窺っている

そういえば、周りを見るとマッカラ以外のものを焼いている人がいない。焚き火の上には粗い金格子が乗っているから、BBQだってパエリアだってできるはずなのに。棒をもてあそびながら「マシュマロを焼きたくなるね！」と父さんに言ってみたが、本気にもしない様子でほほえみが返ってくるだけだった。まるで、この空間にマッカラ以外の何が要ろうかと問うかのように。

焼き続けると、皮が弾けて肉汁が滴る。こうなるまで見守って待つのが、踏ん張りどころ

マッカラをかざす焚き火の周りにはおしゃべりがある

森でも湖でもマッカラ

マッカラの登場シーンは、サウナ後だけではなかった。フィンランド人の夏の過ごし方の定番は、所有する田舎のサマーコテージでゆっくりするというものだが、別の家族とサマーコテージで一緒に過ごさせてもらった時も、マッカラの日々だった。

この家族のサマーコテージは、最北地域の森の中にあった。30キロ圏内に店はなく、向かう途中のスーパーで山のように買い込んだマッカラを事あるごとに焚き火で焼くのだ。森歩きから帰って来て腹ペコの時も、森の静けさに身をあずけ「ごはんはもう何でもいいよね」というモードの時も。

もちろん、買っておいた野菜や自家製ハムを使って料理をする日もあるのだが、何もしなくてもマッカラを焼けば大丈夫という安心感がいつもあった。実際、マッカラは誰も文句を言わないし、むしろ正しい過ごし方をしているような満足感すらあるのだから偉大だ。このサマーコテージの「焚き火」はレンガに囲まれていたが、やっぱりそこには刺股状の棒が4本備え付けてあり、いつでもマッカラを焼く用意はできていた。火があるところにマッカラはある。

それから、新緑のピクニックに出かけた時も、真冬の再訪で氷上釣りに行った時も、いつも背中のリュックにはマッカラが入っていた。

フィンランドの国立公園を歩いていると、時々簡易な焚き火スポットがあって、そこでは火を使って料理をすることが許されている。日本の国立公園は火気厳禁の所がほとんどなので、これにはびっくりした。焚き火の上に金網が掛かっていて、マッカラを焼けるようになっているのだ。しかしルールというものはやはりあって、国立公園利用ガイドラインには、「マッカラを焼くために木の皮を剥ぐのは禁止です」と明記されている。マッカラへの執着の強さに、笑ってしまった。

マッカラで十分と思える満足力

　サウナでも森でも湖でもマッカラ。一見、単調にも思える。けれど、何を作ろうか食べようかとあくせく考えることをやめたら、外の時間を一層楽しめるともいえる。だって、森も湖も本当に美しくて、夏はあまりに短いのだ。何の料理を作ろうか考えているなんてもったいない。料理というのは、こだわる楽しみがあるものの、こだわるともっともっとと欲が出て、なかなか飽き足らない厄介なものでもある。

　フィンランドは国連の世界幸福度報告で8年連続1位になっていて、生活満足度が高い。ただ当人たちに聞くと「あの調査何か間違ってるんじゃない？」と言うし、悩みがなく底抜けに陽気でいつもハッピーというわけでは決してない。冬は長くて暗いし、高齢化は深刻だし、税金は高くて農業生産も決して豊富ではなく、周辺国からの評判といえば「フィンランド人は内気で陰気」。ハッピーイメージとはほど遠い。

　それでも生活満足度が高い理由について言えることがあるとしたら、一点の曇りもなくハッピーなのではなく「これで十分」と満足することを知っているということだろうか。

「いつもマッカラ焼くだけじゃ……」なのか「今日もマッカラだ！」なのか。森にサウナにとアウトドアアクティビティに事欠かないフィンランドでは、この国らしい潔いアウトドアご飯の楽しみ方の心構えを教えられた気がする。

夏の気候は気持ち良く、庭で野菜や肉をグリルして食べることも多かった。そんな時もやっぱりマッカラ。出かけた時だけではないのだ

冬は雪に覆われているので焚き火でマッカラを焼くことはできない……と思ったら、家の暖炉で焼き始めた

畑仕事の昼食は現地調達のイモで

ワティア

ペルー

畑におむすびは必要か？

昔話「おむすびころりん」は、おじいさんが山仕事の昼食におむすびの包みを開くところから話が始まる。おむすびは、おじいさんのお弁当なのだ。その昔話の印象が強かったせいなのか、山や畑に行く時の昼食は、弁当を持って行くものと思い込んでた。そうでなければ家に一旦帰るか。

ところが世界各地で畑仕事の手伝いをするうちに、畑で現地調達というパターンも案外少なくないことを知った。ペルーのアンデスで遭遇したのも、そんな現地調達ランチだった。それも、期間限定の特別なものだったのだ。

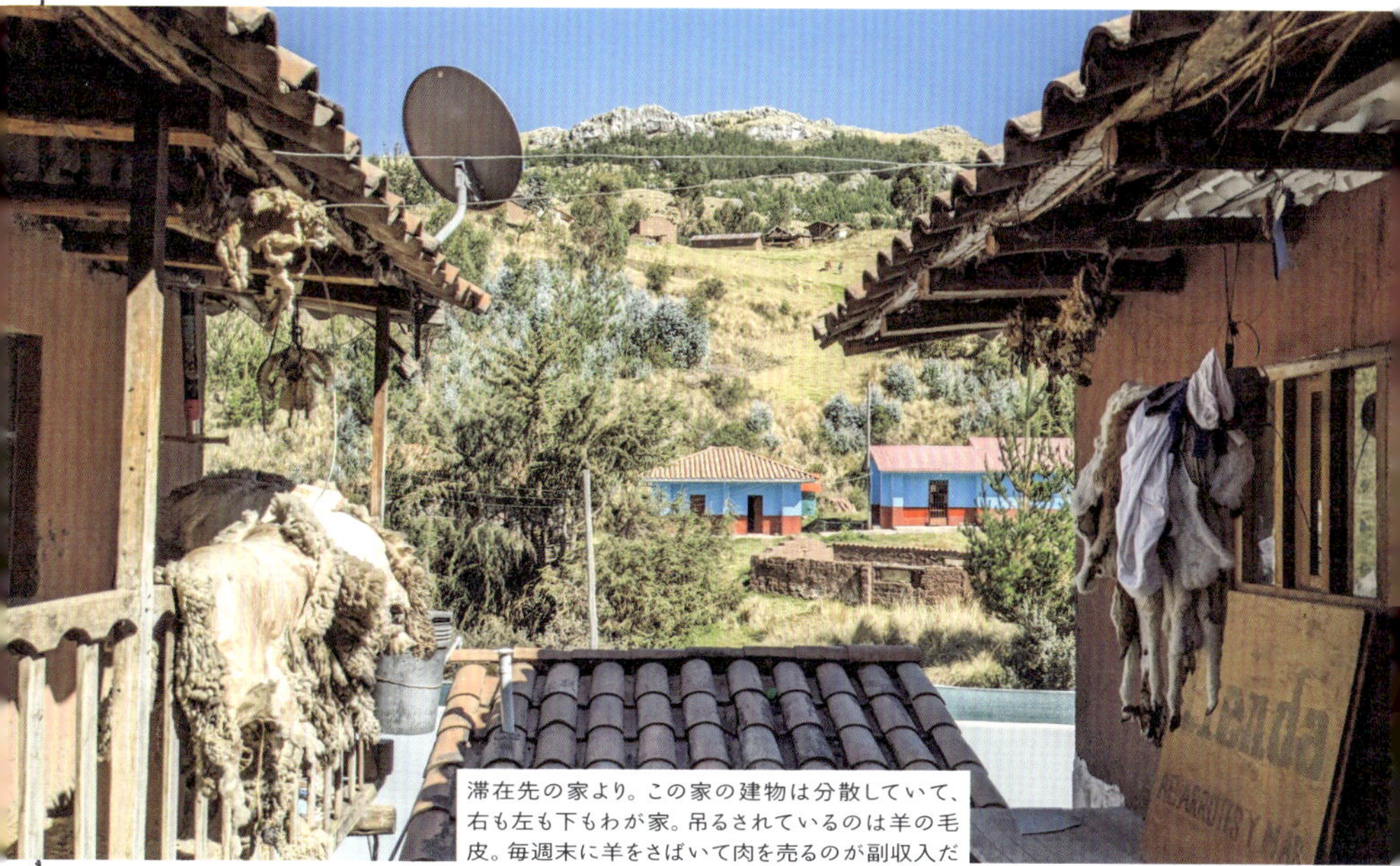

滞在先の家より。この家の建物は分散していて、右も左も下もわが家。吊るされているのは羊の毛皮。毎週末に羊をさばいて肉を売るのが副収入だ

アンデス高地 じゃがいもの本場へ

日本からペルーへの行き方は、東に飛んでアメリカで乗り換えて南米大陸入りするのが王道だ。それでも地球のほぼ反対側だから丸一日かかるのだが、私は諸事情により反対方向の西に飛ばざるを得ず、ヨーロッパで乗り換えてアルゼンチン経由で行ったからさらに長旅に。40時間かかって首都リマに着いた。

そしてそこから国内便の飛行機と夜行バスでアンデス高地の古都クスコに到着し、さらに車で2時間でオクラという小さな村に到着。途中の町に滞在したりもしたが、移動だけで考えたらここまで来るのに丸3日かかったことになる。

標高は富士山頂より高く、山肌にはアルパカとリャマが歩いている。早朝に到着し、朝靄の中にそびえるアンデスの山々を眺めながら、遠くに来たものだなあとしんみりした。

　迎えてくれたのは、農家の母さんフメルスィンダとその娘フロール。50歳くらいのフメルスィンダは、腰まで届く長い三つ編みにつば広の中折れ帽を被り、膝丈のスカートという典型的なケチュア族（アンデスの先住民）の服装。「父さんは仕事で出かけていて明後日帰って来るんだ」と語るフロールは、しっかり者でいつも私の面倒を見てくれた。

　二人とも背丈は150センチほどで私と同じくらい、言葉はペルーの公用語であるスペイン語とケチュア語の両方を話す。

　フメルスィンダ母さんは、朝食の茹でじゃがいもを皿にのせて渡してくれた後、「畑に行くからまた夕方ね」と言って出かけて行った。

「6月の今はじゃがいもの収穫シーズンで、このイモも今年の穫れたてなんだよ」とフロール。ペルーはじゃがいもの原産地で、数千種類もあると聞いたことがある。この地で栄えたインカ帝国も、じゃがいもなくしてその繁栄はあり得なかったとか。その重要な作物の収穫シーズンとは、なんていい時期に来たんだ！　この日から、この家族とのイモ尽くし生活が始まった。

いざじゃがいも畑へ

翌朝は5時に起床。フメルスィンダ母さんが早朝から作ってくれたじゃがいものごろごろ入ったスープを食べて、畑へ向かう支度をした。

　フメルスィンダは台所でカラフルな布を広げて何やらいろいろ包んで背負い、フロールは鍬を持つ。まだ地面に霜が降りている中を三人で歩いて出発した。ここはほぼ赤道直下だが、標高が高いので案外涼しい。その上南半球に位置するため、

トラックから降りて坂道を登っていく。みんな健脚。最初のうちは私も、景色を楽しんだりすれ違うリャマに挨拶したりする余裕があった

じゃがいもの収穫は、鍬で掘り起こす人とそれを拾って布の上に投げ集める人の分業制で進んでいく。アマンダは初めはよく働いていたが、そのうち「なんで毎日畑なの？」とぐずり出した

6月は冬。朝晩は氷点下にまで冷え込むのだ。

道中でピックアップトラックに拾ってもらう。古びた毛布が積まれているだけと思った荷台から「やあ、おはよう！」と声が聞こえて、5歳の女の子アマンダがにゅっと顔を出した。よく見ると、毛布には大人たちもくるまっている。彼らは親戚一家。一緒に畑に向かうのだ。

荷台で揺られながら山道を登っていくこと10分ほど。道端で降ろされ、そこからは車の入れない細い道を徒歩で上がっていく。すぐそこなのだと思っていたらなかなか着かず、鉄塔が立つ山の頂上を指して「あのあたりだよ」と言われた時は、冗談だと信じたかった。

なにせ標高4000メートルの高地。空気が薄く、普通に歩くだけですぐ息が上がるのに、結構な坂道をもう30分近く登り続けているのだ。

「家の周りにも土地はたくさんあるのに、なんでわざわざこんな高いところまで登るの？」息も絶え絶えで尋ねると、

「その方が、でんぷん質で粉っぽい良いイモができるんだよ」

と言う。粉っぽいがいいイモなのか。私はなめらかで甘いイモの方が好きだけれど、おいしさの基準は様々だ。

息も足もヘロヘロ、もう無理と思った頃、ようやく畑に着いた。ずっと向こうまで続く広大な畑の隅に、崩れるように座り込んだ。私だけでなくみなも座り込んだからほっとした。3リットルのペットボトルに詰めて

きたお茶を取り出してひと息。すぐにイモ掘り開始ではなくて、本当に良かった。

　しかし働き者のフロールは休憩せず、畑から数十歩離れた所に鍬を持って行き、何か始めた。近づいてみると、何やら煙を出している小山に土を寄せてかぶせているようだ。なんだろう。気になったが、私が尋ねる前にフロールは「さあイモ掘りだよ」と畑に向かってしまった。

イモ掘りの横で 進んでいた昼食の支度

　さて、仕事開始だ。いつの間にか人が集って10人超えの大所帯になっている。鍬を握った人がイモを掘り起こし、別の人が出てきたイモを一つ一つ拾っては畑に広げた布敷物の上に投げ集め、二人一組になって作業を進めていく。敷物がイモでいっぱいになったら四隅を寄せて背負って畑の隅に運んで行き、山のようになったイモの集積所にざざっと空ける。これを延々と続けるのだ。

　最初は楽しかった。畑からはいろんな色形のイモがごちゃまぜに出てきておもしろい。赤くてつるんとしたものから、黒くてゴツゴツしたぶどうのような形のものまで姿形多様で、「さすがじゃがいも大国だなあ」と見たことのないイモの一つ一つに大興奮。五歳のアマンダとペアになり、拾っては運ぶを楽しくやっていた。

　しかしほどなくしてアマンダは飽きたのか疲れたのか畑に座り込んでしまい、私も息切れ。標高4000メートルでのイモ掘りは、慣れない私には高地トレーニングに他ならないのだ。2時間ほど作業を続けた頃、「ちょっと休憩しようか」というフロールの言葉に救われて、畑の隅の荷物置き場に向かった。

　倒れ込んで空を仰いでいたら、後ろの方で物音がする。ふと見ると、朝の小山のところでフメルスィンダ母さんが何か作業をしている。飛び起きて駆け寄ると、さっきよりいっそう勢いよく煙が上がる小山を鍬で突き崩し、掘ったばかりのイモをざざっと流し込んで埋めている。これはもしかして、石焼

畑から掘り出されるイモの多様なこと！ 先の尖った黄色と黒のものはアニョという別の種類のイモだが、それ以外はすべてじゃがいも。畑や畝ごとに品種を分けるのではなく、まぜこぜで栽培するのが伝統農法

きイモならぬ土焼きイモになるのか!?

「ワティアって言うんだよ。1時間ほどでできるから、そうしたら昼食にしよう」

やった！ 掘りたて焼きたてのイモが昼食だなんて。その後の一時間、猛烈に働いたことは言うまでもない。

昼食はイモそしてイモ

1時間後。あつあつの山を突き崩すと、中からイモがゴロゴロと出てきた。フメルスィンダたちはやけどしそうに熱いそれらを敷物の上に次々放り投げ、布の端でぱんぱんと叩いて土を払い、畑の隅で休憩するみなのもとに運んだ。昼食だ！

運ばれるや否や、次々と手が伸びてきて、みなあつあつのイモをつかんで皮をむき始めた。私もむいてかぶりつく。

濃い。粉吹きイモかと思うほどにでんぷん質だ。口の中がもそもそするが、粉っぽいというのとも違う。食べ慣れたじゃがいもよりうまみが強く、口いっぱいにうまみが居座っている感じ。こんなじゃがいもがあるものか。

色も美しい。皮が黒いパパ・ネグロは、皮をむくと表面は紫で、かじると中は真っ白。皮がオレンジがかったパパ・アマリジャは、中まで鮮やかな黄色。色や味との遭遇を楽しみながら、もそもそしてゆっくりしか食べられないイモを味わっていたら、「これはパパ・ワイリョ、こっちはパパ・ブランカ、こっちは

畑仕事に飽きたアマンダと疲れた私は、畑の隅でおイモ屋さんごっこを始めた。品揃えが豊富なだけでなく、「スープを作りたいんだけど」と客役で伝えると「じゃあこっちのイモがいいよ」などと勧めてくれて本格的

……」などと言ってみな次々と私の前にイモを置いてくれる。そして彼ら自身はパパ（じゃがいも）の種類なんて大して気にする様子もなく、私の二倍の速度で次々とイモをむいては食べていくのだ。手は土だらけなのに、むいたイモにまったく土がつかないのが不思議でならない。イモむきが上手すぎる。

　みなが次々とイモを食べる横で、母さんはまだ何かごそごそしている。背負って来た布包みを開き、中から茹で野菜のタッパーを取り出し、サラダを作り始めた。

　そう言えば、朝台所で野菜を茹でていたな。これだったのか。千切りの茹でにんじんと茹でそらまめは、「うちの畑で穫れたものだ」と言う。そこに別のタッパーに入れて来たたまねぎのスライスと角切りのアンデスチーズを合わせて、レモンをきゅっと絞り、ビニールの切れ端に包んできた塩で味付け。スプーンをさして容器ごと隣の人に渡した。

　取り皿なんてない大人数の畑昼ごはん。一、二口食べては次の人に渡すという回し食べだ。私の所にも回ってきた。緑にオレンジに白にと鮮やかな色の映えるサラダは、シンプルにして今私がほしいすべてが揃っていた。イモだけだと単調になる口の中に、みずみずしさ、塩気、酸味が与えられる。開けられる限りの大口で三口頬張った。

　母さんの包みからは、他にも物が出てきた。小さなタッパーに入った緑色の辛いソースとアボカド2個。フロールは「アボカドは私の好物なの」と言いながら皿に出してつぶし、塩とレモンで和えた。ソースもアボカドも、スプーンを添えて回す。

　もそもそのイモにつけて食べると、辛さやクリーミーさが加わり、またもう一つと手が伸びる。

それから、硬い干し肉をちぎってひとりひとりに渡すと、母さんはようやく自分もイモを食べ始めた。「チャルキーだよ」と言うその肉は、ビーフジャーキーの元となったアンデスの伝統食だ。塩気が強くて噛むほどにうまみがあり、ほんの一切れだけれどえらく力が湧いてきた。

煙の上がる土の山に向かって作業をするフメルスィンダ。これが昼食の支度だったなんて

ワティアは季節限定の味

ひとしきり食べてお腹が落ち着いた頃、フロールがこの土焼きの調理法ワティアについて教えてくれた。

「ワティアは、一年のうちでこの時期にしかできないんだよ。じゃがいもの収穫時期の5〜6月は、雨が少なくて乾燥しているから、土がよく燃えるんだ。一日の仕事の最後に、枯れ草混じりの土を追加でかぶせておけば、夜の間に冷え込んでも翌朝まで熱が絶えることはない。朝畑に着いたらまた枯れ草混じりの土を足して、

土の山から出てきた焼きたてのじゃがいも。土付き灰付きだけれど、皮をむけばすぐに食べられる。便利な携帯食だ

そうしてイモの収穫シーズンの間ずっと熱を維持すれば、いつでもイモが焼けるんだよ」

なるほど、うまくできている。イモの収穫時期に合わせて、その時期に最適な調理法が発展したということか。おむすびの包みを持っていかなくても、いつでも畑で昼食が現地調達できるのだ。

しかしイモってすごい。これが米だったら、おそらく現地調達の昼食は難しいだろう。なぜなら米は脱穀しないと食べられないし、調理には鍋と水が必要だ。一方イモは、皮があるから洗わずに調理できるし、鍋も水も不要。それに手づかみで食べられるから器やカトラリーも要らない。さらに食べ切らなかったイモは、作業の合間に食べたり、ポケットに入れて家に持ち帰ったりもできる。携帯性にも優れ、生まれながらに完成したおむすびのようだ。

加えて標高4000メートルの高地では、米を炊いても、気圧が低く88度で水が沸騰するので芯が残ってしまう。実際、家で時々食べる米はパリパリだった。イモなら60度前後ででんぷんが固化するのでそんな心配もない。うまくできている。

乾いた大地で掘りたてのじゃがいもを焼く、ワティア。季節限定の畑の昼食は、土地の気候と季節と食材と、すべてが噛み合ったまさにこの地の味だった。

粉を携え窯のない砂漠でパンを焼く

アルブード
ヨルダン

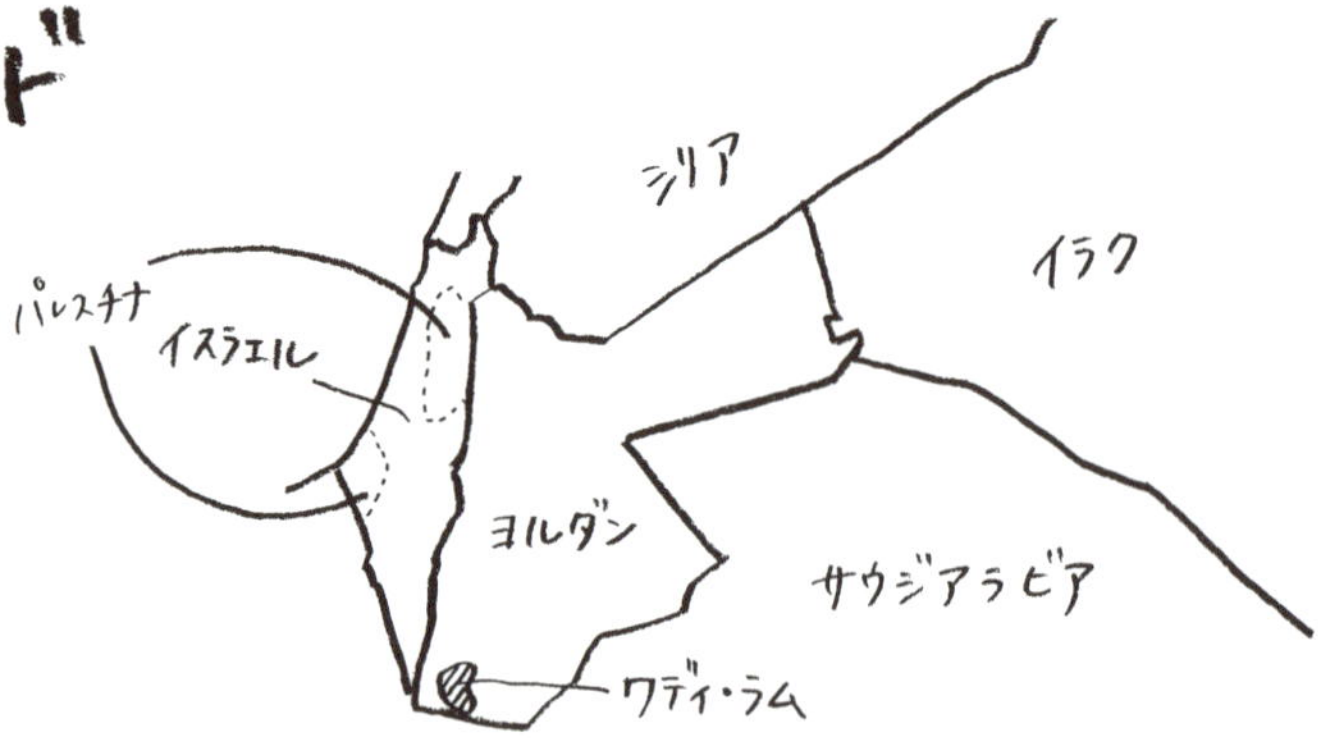

砂漠で迎える朝

アウトドアでの料理は、家より少ない道具で作るところに美学を感じる。ここまで何の道具にも頼らず食事を作れるものかと驚かされたのは、砂漠でのパン作りだった。オーブンはおろか、鍋もフライパンも型も使わずにパンを焼いてしまうのだ。

あの時は、ヨルダンの砂漠の遊牧民ベドウィンのテントに滞在していた。砂漠は暑いと信じていたが、日中は暑く朝晩はうんと冷えるということを初日に知った。朝起きて、焚き火をおこしておばあちゃんがやかんを火にかけ、あまい紅茶（シャイ）のグラスを渡してくれる。その温かいグラスを手で包み込むようにして飲みながら暖をとっていると、アルブードヨルダンうちに日が昇ってきて、そうすると一気に暖かくなる。太陽の力ってすごい。一日の始まりだ。

ヤギを草地に連れていく。この風景のどこに草地があるのかと思うけれども

この家ではヤギとラクダを飼っていて、数十頭のヤギたちに草を食べさせるため、毎日のように群れを連れて出かけていた。ヤギは主に乳を得るために飼っているのだが、「冬は乳量が少ないから、自家用に搾るだけだよ。多い時期は乳製品に加工して売るけどね」と父さんは言う。

ヤギは岩を登って食事へ

ところで、ヤギたちに食べさせる草など、どこに生えているのか。砂漠に草なんかあるのかと思っていたのだが、これが、あるのだ。

アラビア半島に広がるこのワディラムという砂漠は、ひたすら砂の景色が続く「砂砂漠《すなさばく》」ではなく、巨大岩石と砂の平原が風景を作る「岩石砂漠」というもの。岩石の近くには水の得られるところがあるそうなのだ。岩石は高さ数メートルもあり、もはや崖という言葉の方がしっくりくる。その岩場が作る日陰に入ると、乾燥に強い植物が元気に生えている。松葉のような葉の細い低木は、カラッカラで枯れ木のよう。でもよく見るとちゃんと新しい緑をつけていて、茂みをなしている。

「これはヤギの好物なんだよ。こっちのはラクダの好物」

父さんは二種類の枝を指さして教えてくれたが、私には見分けがつかない。

そういういかにも砂漠植物といったカラカラのものの他に、日本の春に咲くホトケノザに似た葉や、巨大クロッカスのような花なんかもあって、死んだように静かな砂漠に咲く健気な生命に涙が出そうになった。

しかしヤギにそんな感傷はないようで、「もっといい食べ物がある場所を知っています」と言わんばかりに岩場をジャンプで登っていく。ヤギは岩登りが得意で、人が登れない岩場を登り、日陰にできた草地で存分に草を食べるのだそう。

遠くに何か白いものが見えて歩いて行ったら、岩陰に咲く大きな花。こんなにも力強く咲いているなんて

「あの上にあるんだよ」

父さんはそう言うけれど、登れない私には未だ幻の地だ。

砂漠の砂が窯代わり

さて、ヤギを岩場に放したら、人間も食事だ。父さんは、高い岩の合間に時々ちらちら見えるヤギの姿に目を配りながら、茂みの影に座り込み、支度を始めた。

「パンを焼こう」

ここでパン？　ちょっと待って。パンというのはオーブンで焼くものだ。あるいは窯で焼くものだ。ピザを焼くような大

火の支度をする。この位置はヤギが見えることに加えて、岩と砂山に遮られて風が穏やか、枯れた茂みもあって薪にも困らない。何もない砂漠の適当な一地点を選んだように見えたが、実は意図があったのだろうか

きな石窯に薪をくべて400度くらいの高温にしたところに発酵した生地を入れると、ふわっとふくらみパリッと焼き上がる。それがパンというものだ。

しかし、砂漠の真ん中にはオーブンも窯もない。あるはずがない。百歩譲って今から窯を作るとしても、燃料となるような薪はない。あるのはひ弱な枯れ草のような茂みだけ。どうするんだ？

すると父さんは、茂みの枯れ枝を集め始めた。

「この植物は、新芽の生える先端の方はヤギの好物なんだけど、下の方は燃料にするんだ」

言われてよく見ると、新芽のついていない（もう食べられてしまった）枝だけを集めている。一本の植物をヤギと分け合っているのか。

集めた小枝を砂の上に置き、火をつける。空気も大地も枝もからっからに乾いているので、高い炎を上げてよく燃える。その横で、父さんはいつの間に持って来ていたのか小麦粉の袋と水のポリタンクを取り出し、ボウル代わりの鍋に粉をあけて、ビニール袋に入れてきた塩をばさっと入れ、水を注いでこね始めた。

こねている間に、火はすっかり落ちて灰になった。小枝はマッチ棒ほどの細さしかないので、あっという間に燃えてしまうのだ。すっかり灰になった小枝を、拾った太めの枝で叩いて崩す父

生地をこねる。鍋は火にかけなければボウルにもなる。些細なことだが、なぜ自分はわざわざ似た道具を使い分けるのかと問いたくなる

さん。そしてその棒で灰の小山をなでるように崩すと、白くなった砂漠の砂が顔を出した。小枝を燃やすことで、砂をもあつあつに熱していたのだ。

　すると次は、平らにした砂の上にボトっと生地を出して、丸く分厚く広げ始めたではないか。まさか、この砂で焼くのか？　窯はおろか、鍋も鉄板もないけれど、こんなささやかな熱源でパンを焼くことができるのか。

　私にははなはだ疑問だが、彼の日焼けしてしわしわの手は、有無を言わせぬ強さで「できる」と物語っている。生地を伸ばし、厚さ3〜4センチの分厚い円盤にして、その上から、先ほどの棒切れで砂を寄せるように集めて、あつあつの砂漠の砂の下にパン生地を埋めてしまった。

　うーん、オーブンでも薪窯でもなく、砂でパンを焼くだなんて。確かに、うんと日差しが強い日に砂浜を歩くと、足の裏を火傷しそうになって砂の熱さに驚くことがあることがあるけれど、まさか本当に砂を熱源に使うとは。というか使えるのか？

　そんなことを考えている横で、父さんはタバコを一服。そして淡々と次の作業を進めていく。彼は、この砂漠の静けさと調和したように寡黙で、余計なおしゃべりをせず手を動かす。

静かで確かな食事タイム

　15分くらい経っただろうか。父さんは先ほどの棒切れを手に取って、生地を埋めた場所の砂を払い始めた。中から円盤状の塊が顔を出す。パンだ！

　見慣れたパンよりも大きくて座布団みたいだけれど、ちゃんと焼けている色だ。彼はこれを二本の棒切れで挟むようにして上下ひっくり返した。下だった面はまだ色が薄い。再び砂をかぶせて、また10分ほど。再度砂を払って取り出すと、両面しっかり焼けていい色になったパンが出てきた。

　砂の上に枯れ草を集めてクッションにして、その上にパンを置く。棒で叩いて灰を払い、ゴシゴシこすって表面の焦げを落とし、ふっと彼が息を吹きかけると焦茶色のパリッと綺麗な肌

パンの焼き上がり。砂が白くなっているのはうんと高温の印。どうしてこれを素手でさわれるのか

が現れた。指で叩くとボンッボンッという音がする。ふかふかではない、ずっしりしたパンの音だ。

それを手で割る父さん。巨大なパンで、しかも火傷しそうなくらいあつあつなのに、パンの真ん中に空手の瓦割りのようにして右手を立て、左手でパンを折り上げるようにして半分にする。そうしていくつかに分割して、大ぶりのかけらを枯れ草のクッションの上に積む。包丁もまな板も使わない。

割られたパンを手に取ると、ぎっしり詰まってずしっと重い。中まで薄茶色なのは、皮まで挽いた小麦粉を使っているからだろう。ふわふわとかふんわりという言葉とはほど遠く、パンより餅に近いんじゃないかと思う。

砂の中から取り出したアルブード。砂付き灰付きだけれど、払えば即食べられる。パンって、こんなにもミニマルに道具なしで作れるものなのか

しかし、あんな短時間でちゃんと焼けているのだろうか。そんな疑いの気持ちも、一口食べて吹っ飛んだ。なんだ、この素朴にして体を満たしていくようなうまさは。茶色い小麦は味わい深く甘くて、ずっと噛んでいたい。急いで食べると時々砂がじゃりっといい、落ち着かなきゃと深呼吸する。このパンの名はアルブードと言うらしい。

「アルブードおいしいね!!」

私は一人で大興奮。家族に語りかけてみるものの、みなヤギの方に目を配りながら、あるいは空を眺めながら、特に会話するでもなく淡々とパンを口に運んでいる。この高揚した気持ちのやり場がない。しかしその無反応な朴訥さが、このずっしりしたパンの味わいをい

手で割って分割した、砂焼きパンのアルブード。ぎっしり詰まっているので、小さな塊でもお腹が満たされる

っそう確かなものにしているようにも思う。

食べ終わったら仕事再開。ヤギの群れがどこかに行こうとしたらついていき、ヤギが満足したら帰る。

無に見える砂漠の
ひそやかな豊かさ

しかし、びっくりした。何の設備もない砂漠で、あんなにおいしいパンが焼けてしまうなんて。パンだけでなく、彼らの生活は、何もないように見える砂漠の資源の豊かさにはっとさせられることばかりだった。

テントに戻って夕方頃、父さんがホットミルクを用意してくれた。搾りたてのヤギミルクを、トマトペーストが入っていたと思われる空き缶に入れ、火にかける。そこに、ヒノキのように細い葉をぱらりと数本。帰り際に取って来たもので、シーという名前だという。

「シーは羊の好物で、人間の体にもいいんだ」

単体で嗅ぐと、ハーブの一種タイムに似たちょっと薬っぽい匂いがしたのだが、ヤギ乳に入れるとクセを見事に包み込んで飲みやすくしてくれている。砂漠の草を食べて育ったヤギの乳と砂漠のハーブで作る、ホットミルク。砂漠の恵みだ。

それから、砂。砂漠を歩いていると、砂の上に何種類かの動物の足跡がある。ひときわ大きくて丸っぽいのはラクダ、小さくて二つに分かれたのは羊。ヤギの足跡もそれと似ていて、あとは鳥。風がまっさらにした砂の上に動物の足跡だけがある時などは、もはや絵画のようで息をのんだ。足跡に見惚れる私に、おばあちゃんはにっこり。

「ラクダの足跡はこうやって作るんだよ。羊はこうで、ヤギは……」

ひとつひとつ手形を使って砂上に描く方法を教えてくれた。ラクダは、手のひらだけを砂に押し付けた後に右と左の端にグーで穴を作ると、確かにそれらしくなる。羊とヤギの足跡も、

パンが焼ける間に一品作っていた。たまねぎとトマトを高温で炒めて煮込むだけ。それでどうしてこうもうまくなるのだと唸るくらい、ぎゅっと詰まって味が濃い

トマトペースト缶で温められるヤギミルク。シーはまるでヒノキの葉のようだが、香りはもっと青々しい。ハーブにミルク？ と思ったが、これが臭みを抑えて非常に良い

言われるがままに真似した。失敗しても、砂の上なので簡単に消してやり直せる。午後の一番暑い時間はテントでおばあちゃんと横になって、砂の上のお絵描きを延々と続けた。紙も鉛筆も要らず、こんなに広いキャンバスに描けるなんて、画家もうらやむだろう。

　さらに驚いたことに、どうやら水すらもあるのだ。普通に生活していても見えないが、実はワディラムの地下にはディシ帯水層という水源があり、首都アンマンに水を供給するほどに水が豊富。ただし、この土地に住む人々の資源を搾取しているという批判や問題もある。

　ともあれこんな乾いた砂漠に、砂の窯にハーブにキャンバスに水資源まであるなんて、豊かさとは、通りすがりの人間がさっと見ただけではわからない。

　今日《こんにち》、砂漠の生活を続ける人は、貧しいともいわれる。電気や水道の通じていない生活をしているし、それもわかる。ただ、彼らと生活していると、誇りと意思と自信を持って砂漠の生活を選択しているようにも思えるのだ。

　街の生活に慣れた私の目には、砂漠＝何もない、という景色が見えていた。しかし、そんな無に見える世界から食べ物や楽しみを生み出せることの方がカッコよくて、それこそが豊かなのではと思えてくる。彼らの手からは、どんな環境でも生きられるという自信を強く感じるのだ。

ピクニックは油を飛ばしてあつあつの肉じゃがを

カザンカバブ
ウズベキスタン

肉とじゃがいもの普遍的好相性

肉とじゃがいもという組み合わせは、どうしてこうも普遍的なのか。

日本の家庭料理の代表選手である肉じゃが、コロッケ、カレーライスは、いずれも「肉とじゃがいも」で出来ている。世界を訪れていても、肉とじゃがいもの組み合わせは本当によく出会う。中国では豚肉とじゃがいもの千切り炒め「土豆肉絲」にお腹がぐぅと鳴り、イギリスではオーブンから出てきた「シェパーズパイ」の香りに鼻をくすぐられ、ペルーではフライドポテトと細切り豚肉を炒めた「ロモサルダード」にご飯が進む。

肉のうまみをじゃがいもが吸ってくれるから両者は好相性、安く作れてお腹いっぱいになれるし、タンパク質・脂質・炭水化物の三大栄養素がすべて摂れて、非の打ち所がない。これだけ世界中で組み合わされているのも必然といえよう。

中央アジアのウズベキスタンで出会ったのも、そんな「肉とじゃがいもの料理」だった。

山のピクニック場へ

ウズベキスタンはユーラシア大陸の内陸国だ。5月の滞在中ずっとカラッと晴れているなあと思ったら、年間降水量はたった400ミリ程度。日本が約

ピクニックのおやつはひまわりの種。高速で殻をむいて食べるワザを教えてくれた

1700ミリで、小麦の生産に必要とされる降水量目安が約500ミリだから、なかなかに乾いている。それにもかかわらず中央アジア随一の農業国となっているのは、ソ連時代に大規模な灌漑網が整備されたことが大きい。この時は、大都市サマルカンドに滞在していたのだが、街を離れると一面緑の風景が続いていた。

「明日はうちの塾の学生たちとピクニックなんだけど、一緒に行かない？」

滞在先の家の兄さんフェルツが誘ってくれた。彼は、大学生向けの塾を経営しており、緑が美しい初夏の時期にリクリエーションを計画したのだ。

「行くよ、もちろん！」

集合は朝6時だと聞き、アラームを二つかけて急いでベッドに潜り込んだ。

翌朝。予定通りに起きたのになぜかフェルツも私ものんびりして少し遅刻してしまい、集合場所に着いたら、まだ来ていない人が5人ほどいてほっとした。20代前半の若者たちとおしゃべりしながらバスに乗り込んで出発だ。

街を離れること1時間。緑が多くなってきた。だんだん山に入り、スマホの電波もあやしくなってきた。体がのけぞるような坂道を上り、目的地に到着。ピクニック場とでもいったらよいのだろうか。木に覆われた緩やかな斜面に、平らなスペースや小上がりのようなものが作られている。森の中に突然桟敷が登場したような不思議なバランスがおもしろい。

バスから降りるなり、一同小道をずんずん歩いていき、場所をとって大きな敷物をばさっと広げた。敷物というか、絨毯じゃないか？ 日本だったらブルーシートを広げるところだが、イスラム風の柄や鮮やかな花柄の、薄手だけれど立派な絨毯が6枚ほども出てくる。そういえばウズベキスタンは絨毯が有名だ。絨毯は、それを敷くことで家族などプライベートな空間が生み出せ

山のピクニック場で、食卓の支度。絨毯にティーポットに、アウトドアとは思えない豪華なしつらえだ

る象徴だとも聞いたことがある。森の中に、私たちのピクニック空間が出来上がった。

音と香りが飛び散る豪快調理

料理の準備が始まった。年上の女の子たちが、持って来た食材の大きな袋を開けて、次々と段取りをつけていく。

じゃがいもを投入するのは油跳ねとの戦い。思いっきり腕を伸ばしてじゃがいもを投入してさっと身を引くの繰り返し

「誰かじゃがいもの皮むきお願い。むいたらこっちのボウルに入れてね！」

その声で集まって来て、せっせと皮むきにいそしむ年下の女の子たち。その横では先輩格の男子が火の準備をしている。ドラム缶を切ったような形の膝の高さほどの窯が設置されていて、その中で火をおこしたら、取手のない巨大中華鍋のような鍋をよいしょと置く。「中華鍋みたいだね！」と言ったら、「ウズベキスタンの伝統的な鍋で、カザンって言うんだよ」と冷静に訂正され恥ずかしくなった。

鍋が温まってきたら、たっぷりの油を注ぐ。それはもうたっぷりと。ボトルからたぽたぽと、2リットルは入れただろうか。抱えるほどに大きな鍋だが、こ

じゃがいもを揚げる。このカザンという鍋は家でも使うが、サイズは直径半分程度。この大きさはなかなかだ

肉を揚げたところにじゃがいもを再投入し、味付けして炒める

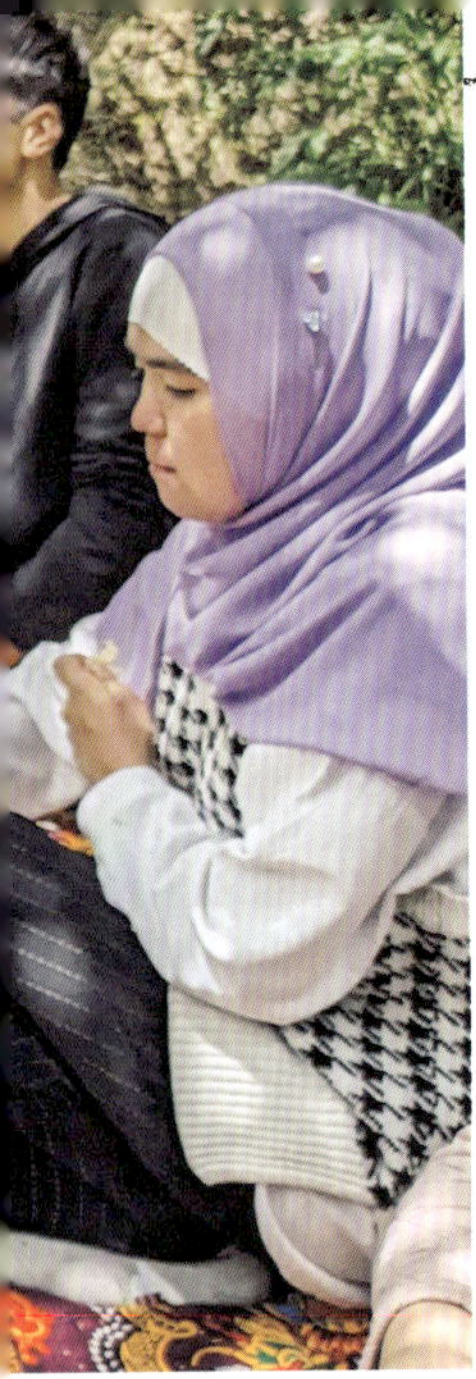

れだけ入れると揚げ物でも出来そうだ。

　そこに、皮をむいたじゃがいもを一気に投入。洗って水がついたままだから、油がバチバチと盛大に跳ねる。こんなに油跳ねのする料理、家の台所だったら絶対したくないけれど、外だと掃除を気にしなくてよいから気分がいい。そして、バチバチじゅわじゅわいう音が木々に囲まれた空間を満たしていくのも、ほんとうに気分がいい。

　鍋の中では、大量のイモたちが、油の風呂の中をゴロゴロ転がり表面がこんがりしてきた。ここでイモを取り出す。半分くらいの量に減った油を幾分かボウルにすくい出し、残った油に肉を投入。角煮サイズに切った牛肉だ。これまたじゅわっと盛大な音を立てて豪快に油が跳ねる。へらでまぜる女の子は、手をうんと伸ばしてへっぴり腰で遠くからやっている。

「この料理は、カザン（鍋）で作るカバブ（肉料理）だからカザンカバブって言うんだよ」

　へっぴり腰の料理人が教えてくれた。なるほど、わかりやすい。土鍋で炊く土鍋ご飯、タンドール窯で焼くタンドリーチキンみたいなものか。そして彼女は続ける。

「カザンカバブは家で作ることもできるけど、外で作るのにはかなわない」

　そのいたずらっぽい顔の意味するところは、心置きなく油を飛ばせられるからなのか、それとも味が違うのか。いずれにしても、この屋外だからこその豪快さがおいしさになっていることは、疑いようがない。

　ところで、さっきから動き回っているのは女の子ばかりだ。男たちのほとんどは、火おこしを終えるなりさっさと絨毯に上がり、コーラ片手におしゃべりしてる。

「彼らは働かないの？」

　私が不平を申し立てると、

「女性は母親に料理を教わるもので、夫や兄弟の食事を用意するのが役割だった。だからこういう場でも女の方が動くのかも」

　気にも留めない様子で、にっ

森の木漏れ日の下、絨毯に座ってカザンカバブの昼食。風も心地よく、もう気分最高

伝わるだろうか、この迫力が。森で豪快に調理した肉とじゃがいも、見慣れた食材なのにどうしてこうもうまくなるのか

こり笑顔を返された。

赤く輝く肉じゃがと森の時間

じゅわじゅわと音を立て、バチバチと油を飛ばしながら、肉の焼ける、いや揚がる香りも盛大に広がってきた。たまらなくお腹が空く。

　肉がちょっと焦げるくらいにしっかり火が通ったら、先ほどの揚げじゃがいもを戻し、クミンやパプリカパウダーなどのスパイス、塩、それからアジカというパプリカペーストを入れてからめると、太陽の光でまぶしいくらいに赤く輝く肉じゃが、カザンカバブが出来上がった。

　ふと振り返ると、絨毯はロの字型に配置し直され、真ん中には布が敷かれている。その上には、女の子たちによって作られた2種類のサラダにパン、それから誰が持って来たのか自家製コンポート（フルーツを砂糖漬けにした飲み物）の瓶詰も並んで、想像以上に充実した食卓が出来上っている。カザンカバブを大皿に盛って運ぶなり、食事が始まった。

しっかり揚がったじゃがいもは、しわしわになった表面に甘くスパイシーなソースと肉のうまみがからんで、欲張りなおいしさ。肉はあんなに長時間揚げたのにスカスカになることなく、噛むほどに味がある。止まらない。濃いめの味付けだが、おしゃべりをしながらもう一口もう一口とつい食べ続けてしまう。

小一時間もすると、みな目一杯食べて満足して食べ物もなくなってくる。すると誰からともなく使い終わった食器やフォークを集めてたらいにイン。食べるのに夢中で今まで気がつかなかったが、こんな屋外ピクニックなのに、皿もフォークも使い

食後のハイキング。景色が良いのはもちろんのこと、いっぱい食べた後の散歩はことさら気持ちが良い

捨てではなく家で使っているちゃんとしたものを持って来ていたようだ。ピクニック慣れしているのかなんなのかわからないが、絨毯から食器からまるで家をそのまま持って来たかのよう。大した気合いだ。

食べ終わると荷物をまとめて一カ所に集め、ハイキングへ。山を登っていくと、とにかく見通しが良くて、向こうの山肌でヒツジが草を喰んでいるのが見えた。山が木で覆われていないのは、雨が少ないせいだろうか。木がもこもこに生い茂る日本の山とはだいぶ違う風景が、新鮮だ。

同じ食材で作るのに

ひたすら食べ、遊び、山の空気を思いっきり吸い込み、夜暗くなる頃に帰宅した。夕飯に母

さんが作っておいてくれたのは、牛肉とじゃがいもの煮物。じゃがいもはほろっと煮崩れ、色は赤い。もしかしてと思って

「これ、カザンカバブ?」とおずおず聞くと、

「そんな感じかな」と答えるので、フェルツと顔を見合わせた。

やさしい味で、煮物みたいでおいしい。じゃがいもも揚げていないからほろっとしていて、それこそ肉じゃがのようだ。食べやすくてよいが、昼間森の中で作ったあのカザンカバブのはじけるようなうまさとは別物だ。

その後帰国して家の台所でカザンカバブを真似して作ってみたが、やっぱりあの味には遠く及ばない。あれは一体何だったんだろう。開放的な空間で、思いっきり油を飛ばしながら大量に調理し、私たちのために敷かれた絨毯の上で磁器の食器で食べる贅沢なアウトドア飯。それに楽しい仲間と一緒に作って食べたのだから、まあかなうわけがないか。

たかが肉とじゃがいも、されど肉とじゃがいも。家庭的で地味な煮物が、こんなにも違うものになるのかと、アウトドア料理の力を思い知るのだった。

夕食のひと皿は、毎日食べられるやさしい味で安心する。それにしても、肉とじゃがいも三昧な一日だった

竹筒で蒸される
川魚と唐辛子の共演

ポンセン

インド

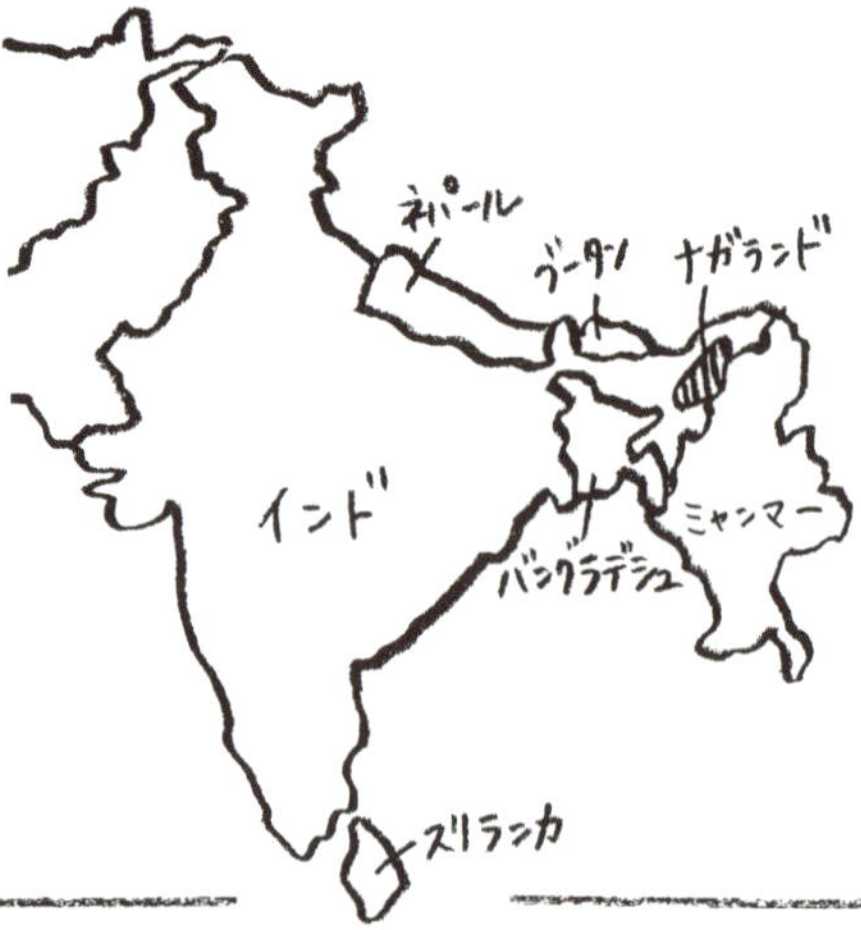

竹は天然の調理道具

鍋のない状況で料理したい。どうするか。

アジアでしばしば見かけるのが、竹を利用した調理だ。竹の中に米や具材を詰めて炊いたものは、炊き込みご飯に竹の香りが移ってうまい。

食事系から甘いものまでいろんな竹筒料理があるが、タイで食べた竹筒スティックのおやつ「カオラム」は特に忘れられない。もち米、ココナッツミルク、砂糖を竹筒に入れて蒸し焼きにしたものだが、薄い竹をバナナの皮のようにむくと、ココナッツの甘い香りとともにもちもちおやつが顔を出す。こんなにもおいしくてハンディなおやつが作れるなんて、竹はえらい。鍋と弁当箱の一人二役だ。

インドでも、竹を使ったアウトドア料理に出会った。甘いおやつとは対極にある、辛くて汗が出る料理だ。

ナガランドは、どこに行っても山だった。家の前の道も急斜面。停められた車が滑り落ちないかとはらはらする

インドらしからぬインドの市場で

インドという国はうんと広い。訪れたナガランド州は、地図で見ると北東の端、「こんなところまでインドだったの?」と思うような位置にある。ミャンマーと国境を接し、顔つきも文化も東南アジアに近い。宗教はキリスト教、料理にカレー系のスパイスは使わない。なかなかに山がちで家の裏の菜園を歩くのも登山レベル。そんな土地だった。

お世話になった家庭の20代半ばの娘アイエンは、自分でビジネスがやりたいと街中のビルの3階を借りて先週ホステルをオープンさせたところ。日本人や中国人に近い顔つきで親近感が湧いた。彼女は面倒見が良くて、忙しい中あれこれ見せてくれた。

市場に一緒に買い物に行った時は、見慣れぬ食材を指さして一つ一つ教えてくれた。私の目が止まったのは、バナナの葉を縛った巾着。なんだろう。

「これ何が入ってるの?」

「小さい川魚だよ。ポンセンにするとおいしいんだ」

「ポンセンってなに?」

この流れで至極当然の質問を返したら、アイエンの様子が豹変し、一大事だというかのように言った。

「ポンセン知らないの? 食べてない? ほんとに⁉」

彼女は時々大袈裟でおもしろい。そんなドラマチックな成り行きで、バナナの葉に包まれた川魚を買い、翌々日にポンセンを作ることにした。なぜか家で作るわけにはいかないらしく、友人に話をつけて彼の所有する「ファーム」なる場所で一緒にやることになった。

いざファームへ

当日の朝。朝食を終え、アイエンは支度を始めた。川魚の包みを袋に入れ、シダの葉のような青菜の束も入れた。「これもいるでしょ」と母が持たせてくれたのは発酵たけのこと塩。迎えに来た男友だちイムナの運転する車に乗り込み出発だ。

目指す「ファーム」は街中から車で30分ほど。ファームの主である友人スパーは現地で待っているという。直行すればすぐだが、遠足気分になってあちこち寄り道し、着いたのは3時間後。この日は半袖になるほど暖かくて車内の気温も上がり、「魚置きっぱなしで大丈夫?」と心配で尋ねたが「全然平気だよ!」と言うので深く考えるのはやめて信じることにした。

ファームは、ただ畑があるのだと思っていたら、とんでもなく充実していた。畑があり、鶏や豚やアヒルが飼われる動物エリアがあり、それから宿泊できる小屋もあり、まるで週末キャンプのためのレクリエーション施設だ。

迎えてくれたスパー青年はこざっぱりした顔。中学の同級生にこんな人がいた気がする。やはりナガランドの人の顔つきはインドより東アジアっぽい。

「ここは母の動物好きから始まったんだけど、ファームステイの場所として最近貸し出し始めたんだ。まだまだ開発中だよ」

大人の壮大な夢といった感じで、いい。奥から出て来たそのお母さんは60代半ばだろうか。白っぽい髪をバンダナできりっとまとめているが、やんちゃな笑顔は子どものようだ。

唐辛子を次々と

スパーの母が中心となり、一同指示を受けて動く形で準備開始だ。

アイエンと私は「魚を洗って」という指令を受け、金属のたらいに魚をあけて外の流しに向かった。バナナの葉の包みを開けると、ドジョウのように小さくて細長い魚がたくさん出て来た。さらに一回り大きくてひげがはえたナマズの子みたいなのも。長くてぬるぬるしている。時々溶けかけた個体があり鮮度がやや不安になったけれど、「大きい魚よりこの小さいのがうまいんだよ」とアイエンが熱弁するので、気にしないことにした。私の常識なんてちっぽけなものだ。

魚を洗って水を切ったら、そのたらいをスパー母に渡し、彼女が調味料を入れていく。まずは乾燥唐辛子。一つかみばさっと取ってはさみで輪切りにしていく。それから粉唐辛子をスプーンで山盛り2杯、何かの赤茶色の粉もスプーン2杯、そして塩。魚の姿は赤い粉にすっかり隠れた。もう、辛そうだ。

唐辛子がこれでもかと入る。この後さらに生唐辛子が入るのだ

そこに、クリーム色のペーストが入る。発酵たけのこをつぶしたものだ。ナガランドの料理は、多様性の国と言われるインドの中でも一線を画しており、発酵食品を多用する。いわゆるカレー味のスパイスをいっさい使わず、唐辛子と発酵食品を組み合わせて味を作るのだ。納豆のような大豆の発酵食品アクニ、タロイモの葉を発酵させたアニシなどと並んで、発酵たけのこもよく使う調味料の一つ。発酵

によるうまみと唐辛子は、煮込むと深い味わいを生み出す。おいしくなりそうな気配が出てきたぞ。

そこに刻んだシダ似の葉っぱ、それからどこから採って来たのかバナナのつぼみをばらして投入。「バナナのつぼみがうまくなるんだ」と言う。どこかで食べた朧げな記憶では、かなりえぐみがあってウドみたいな味だった気がするのだが。それから一瞬の協議を経て、青唐辛子も数本投入。これ以上辛くするの!? まあでも、もしかしたら料理すると案外辛さがマイルドになってちょうどいいのかもしれない。

すべてを竹に詰め込む

さっきからスパーの姿が見えないと思っていたら、1メートル弱もあろうかという竹筒を両手に持って戻って来た。「裏の竹林で伐って来たんだ」と爽やかに言う。その彼の爽やかさに負けないくらい竹もフレッシュで青々としている。

「竹はいろんな種類があるんだけど、ポンセンに使うのはこの種類。節間が長くて適度な太さがあるからね」

燃料用に建材用など、竹は使い分けがあるのだそう。

まだ青い香りがするその竹筒に、たらいの中の辛そうな和えものを詰めていく。スパーが筒を持ち、母さんが手で押し込んでちょっとずつ詰めていく。どんどん詰めていく。魚もバナナのつぼみもシダも竹筒の中に収まっていく。いっぱいまで詰めて、もう入らないと思ったところで竹筒の後ろをトントンと床に打ちつけて隙間の空気を抜き、さらにもうひと詰め。そうして最後にバナナの葉をくるくるっと丸めたのを詰め込んで栓をする。自然の材料だけで、うまくやるなあ。

このチームの連携プレイは素晴らしくて、3本の竹筒が詰め終わると、後ろではイムナが火の準備を終えたところだった。焚き火をたいた囲炉裏のようなところに金台があり、それに立て掛けるように3本の竹筒をセットする。

竹の調理は じっくり2時間

ここでしばしの待ち時間となった。ポンセンができるには、

和えた食材を竹筒に詰める。そういえば彼女はずっと素手で作業していたが、こんなに大量の唐辛子を触って痛くないのだろうか

2時間くらいかかるのだと言う。2時間！ けっこう長い。しかし外での時間というのは不思議なもので、おしゃべりしている間に時は経っていった。ポンセンの由来についても話してくれた。

「森に出かけて行った人が、鍋も何もない中で竹筒を使って料理しようと思いついたのが始まりなんじゃないかなあ、わかんないけど」というのが一同の見解。これは家で作るものじゃないとみなが強く言うので、「鍋でやればできるじゃない？ 断然早いし」と言ってみたが、「いやいや竹の香りがつくのがおいしさなんだ」と全力で反論された。

ポンセンは、焚き火でないと調理できない。青竹の香り、パチパチいう音、ピューピューという鳴き声。五感が忙しく刺激され、期待が高まる

確かに、竹筒の炊きこみご飯も竹の香りが命だ。

そんな話をしていたら、竹がピューピュー鳴き始めた。なんだと思って近づいて見ると、音だけでなく、切り口から水も出て来ている。熱せられて、生の竹が含んでいた水分が出て来たのだ。

「竹はけっこう水分があるんだ。この水分で蒸し焼きにされるから、水を入れなくてもふっくらおいしくできる」

なるほど、鍋要らずなだけでなく水要らずでもあったのか。ものがない屋外の環境で生まれる人間の工夫というのは、実にスマートな美しさがある。


しばらくすると、鮮やかな色だった青竹が黒くなり、膨張して縦に割れ目が入ってきた。

「もうできたんじゃない!?」

何回目かわからない催促をしたら、イムナが笑いながら
「ひとつ開けてみよう」

と腰を上げた。

バナナの葉の栓を取る。それを逆さにして、金属のたらいにあける。上下に振ったりトントンとたらいの底に打ちつけると、筒状に固まった具材が湯気とともに出て来て、たらいの中にぼとっと落ちて崩れる。

いい色だ。鮮やかだったシダは高菜漬けのような渋い黄緑色になり、唐辛子だけは依然やる気満々な赤色だが、全体的に山のご飯という感じの色合いでとても良い。キノコのようなもの

があると思ったら、しんなりしたバナナのつぼみだった。

「うん、良さそう」

　確認してイムナは残りもどんどん出し、最後には竹を縦二つに割って、中身を出し切った。たらいの中に山盛りのポンセン、すごい迫力だ。はしゃぐ我々。

　ファームでは数日前に家族のパーティーをしたそうで、その食事の残りも少しあった。それらも温め、外のテーブルに全部並べたら、急に豪華な食卓が出来上がった。

　スマホを向けて撮影会が始まった。誰が言い出したのか、「皿に出した方が綺麗だよ」とか言ってたらいのポンセンをパーティーの残りのやたらポップな紙の大皿に移したりして。こんな山奥に来て、美しい景色と食べ物を前にして、言葉も文化も違う私たちが同じようにカメラを向けて真剣になるんだから、なんだかおかしい。

空腹と外の空気がいっそうのおいしさ

　ひとしきり撮影して気がすんだら、白いご飯におかずを盛って食事だ。もう腹ぺこだ。昼食のつもりだったのが、もう夕方なのだから。みなにならってご飯を山盛り、それからポンセンをひとすくい。ふたすくい。ファームの台所に食卓などというものはなく、めいめい小屋の中や外に適当に腰掛けて食べ始めた。

　食べる道具は手だ。ポンセンとご飯を皿の上でまぜ合わせてひと口……。

辛い！　驚愕だ。想像の10倍辛い。調理したら唐辛子の辛さは穏やかになるのだろうかなどという期待は甘かった。入れた分だけ十分に辛い。

　ただ慣れると辛さだけでなく、深いうまみも感じられてくる。発酵たけのこと唐辛子のうまみに加えて、魚の出汁まで加わっているのだ。魚はほくほくで、骨までやわらかく食べられる。辛いけれど止められない。辛さに覆い隠されてバナナのつぼみの味も青竹の香りもさっぱりわからなかったけれど、そんなことは気にもならないくらい夢中だった。

「うまい、ひー。あーうまい」

そう言うみんなの声と空腹と、それからファームの雰囲気に押され、山盛りのポンセンをおか

竹を逆さにして中身を出した後、縦に割って残った分を出す。イムナがナタを入れると、まだ熱を持った竹から勢いよく湯気が上がる

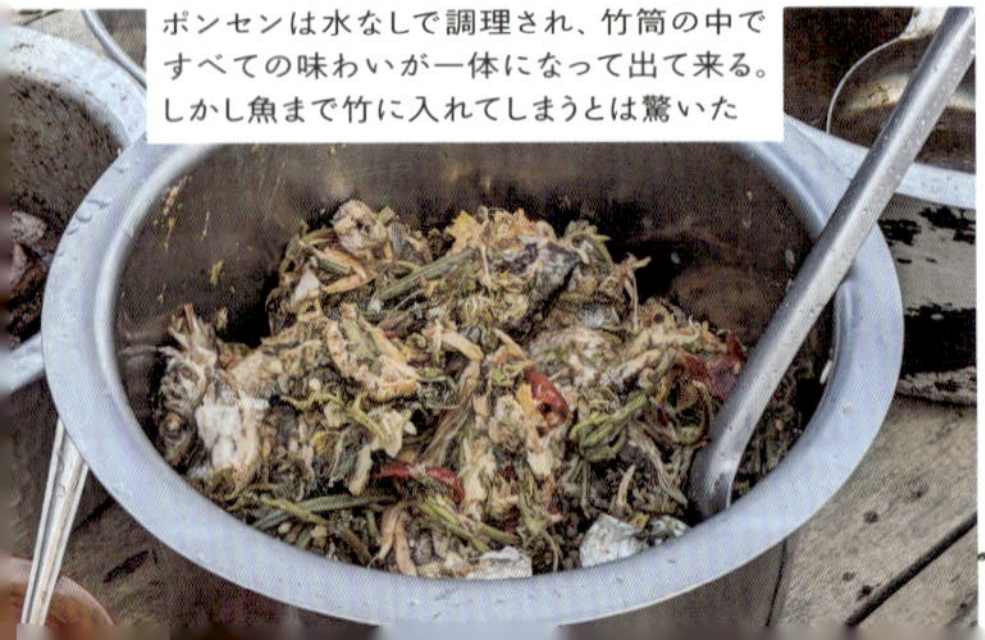
ポンセンは水なしで調理され、竹筒の中ですべての味わいが一体になって出て来る。しかし魚まで竹に入れてしまうとは驚いた

人間たちの興奮が伝わったのか、犬や猫も寄って来た。スパーの母さんは平然と無視する。しかし犬はこの辛いのを食べられるのだろうか

わりをしてもりもり食べた。

そういえば、アイエンは左手で食べている。

「インドの人たちは、ヒンドゥー教徒が多いから左手は〝不浄〟だって言って使わないけれど、ナガ人はキリスト教だから気にしない。私は左利きだから左で食べるよ。でもインドに行った時は右手で食べるの」

なるほど。それにしても自分もインドに住むのにナガランド以外のインドに住む人たちのことを「インドの人たち」と呼ぶのが興味深い。それくらいナガランドは他のインドとは歴史や文化が異なるのだ。竹を使う文化も然り。つくづくアジアの仲間の親近感を感じる。

アウトドアの雰囲気に飲まれてはいけない

そんな充実したポンセン体験だったが、楽しいだけでは終わらなかった。この日の夜から私は激しい下痢に襲われ、丸二日トイレと布団を行き来しながら寝込むこととなったのだ。

原因が多量の唐辛子だったのか、半日持ち歩いて暑い車の中に放置して溶けかけた川魚だったのか、それとも前日に作って食べた豚の血ソーセージだったのか、心当たりがあり過ぎてわからない。しかも同じものを食べたみなはなんともなくて、私だけが苦しんだ。

「ナガランドの食べ物はどれも辛いし刺激が強いからね。慣れない人が食べ過ぎるとあたるのかも……」と申し訳ない顔をしてアイエンは看病してくれた。申し訳ないのはこっちだ。これまでいろいろ食べてきて、お腹が強いことだけは自慢にしていたが、調子に乗ってはいけない。実はアイエンもあの唐辛子の多さに驚いたそうで、普通はあそこまでは辛くないと言う。先に言ってよ。

外で食べるご飯はひときわおいしくて、ついついたくさん食べてしまう。大抵の場合、食べ過ぎたことまで含めて外ご飯の楽しい思い出なのだけれど、時には冷静にならなければいけないこともあるのだと学んだ。

日本に生活する留学生や研究員は、どんなお弁当を持って来ているのだろうか？

そもそもお弁当を持って来ているのだろうか？　昼どきの大学にお邪魔して、弁当話を聞かせてもらいました。

お弁当

ドゥルヴさん（インド・ラジャスタン州出身）

日本でベジタリアンは苦労する

「この弁当箱は、日本に来て初日に買ったんだ。ぼくはベジタリアンで、日本では食べるものを探すのに苦労するとわかっていたから。インドの中でもラジャスタン州は特にベジタリアンが多くて、お店には必ずベジ（菜食）とノンベジ（肉入り）のメニューがある。日本に来る前に住んでいたオランダもベジタリアン志向が高まっていて、食べるものには苦労しなかった。

　ご飯とダール（豆のスープ）は、インド料理の最も基本的なもので、日本でいうご飯と味噌汁のようなものかな。簡単で早く作れて、持ち運びもしやすいから一番よく作るんだ。

　料理は、インドにいる時はする必要がなかったけれど、インドを離れてからするようになったね。初めは何もわからないから、いちいち母に電話で聞いて作り方を教わってね。母から教わったレシピを集めたレシピ帳も作ったんだ」

＼ご飯とダール（豆のスープ）は食事の基本／

留学生が語る ＞ 私の

キンザさん（パキスタン・カラチ出身）

ハラル肉で故郷のビリヤニを

鮮やかな色も
ビリヤニのおいしさの一部

「弁当作りは、日本に来てすぐに始めたよ。私はイスラム教なんだけど、日本ではハラルの食べ物を見つけるのがうんと大変だから。鶏肉一つとっても、スーパーでハラルのものは売っていない。だからアジア系の食材店が集まる新大久保に行って、米やスパイスや鶏肉を買って来るの。

　ビリヤニは故郷カラチの名物で、私の大好物。パキスタンにいた時も料理はしていたから難しいことはないんだけれど、ただパキスタン料理は工程が多くて時間がかかる。朝に作るのはちょっと無理だから、いつも夜や週末に作っているよ」

ファイザルさん（インドネシア・バンドゥン出身）

インスタントスパイスで時短

「研究したいから、時間は貴重。だから弁当を作るにも、早くできる料理を選ぶんだ。インドネシア料理は、生のスパイスを何種類も集めて石臼でつぶして何時間も煮込むというものもあるけれど、そこまで時間を使いたくない。ナシゴレン（炒め飯）もテロール・ダダール（卵焼き）も、炒めたり焼くだけでできるからいいんだ。

　スパイスは、インドネシアから持って来たインスタントスパイスミックスを使っているよ。料理ごとにブレンドしたものが何種類もあって、便利なんだ。生のスパイスに比べれば風味は劣るけれど、一から自分で作る手間を考えたら、ね。

　そうそう。インスタントスパイスミックスの他にこの弁当箱も、日本に来る時に妻が持たせてくれたんだ。でもぼくは料理がわからないから、何か作るたびいちいち妻に電話して聞いてね。今では自信をもって作れるようになったよ。弁当は、毎日は作れないけれど、時間がある時は作る。週の半分くらいかな。お金を節約したいからね」

ナシゴレンもテロール・ダダールも
日本の食材で作れる

留学生が語る ＞ 私のお弁当

シューピンさん（中国・広東省出身）

母の味を ネット動画のレシピで

土豆肉絲
（じゃがいもと豚肉の炒め物）は
母の味

「この料理は、子どもの頃母がよく作ってくれたものなんだ。日本にいても、食べ慣れたものを食べたいからね。でもレシピを母に聞いたりはしないな。インターネット上に動画もレシピも山ほどあるからね。

ただ、この弁当には重要なものが欠けている。ぼくの故郷ではどんな食事もスープが必須で、まず最初にスープを飲んでからものを食べるんだ。それは弁当でも同じこと。でもそのスープを作るのは、大鍋で6時間もかかる大仕事。さすがに合理的じゃないよね。スープなしの食事に慣れはしたけれど、やっぱり時々恋しいな……」

ズンさん（ベトナム北部出身）

まとめて作れば効率的

「弁当はいつも作れるわけじゃないんだけど、料理全般、まとめてたくさん作れるものを作りがち。この豚角煮はたくさん作ってしばらく置いておけるし、ハムも冷凍で保存できる。一度にまとめて作っておけば効率的でしょ？

え、このハムは買ったのかって？　いや自分で作ったよ。料理は好きだし、そんなに難しくない。食材も、肉や野菜はスーパーで買えるしね。今日の弁当に使った食材はすべてスーパーで買ったもの。近所のオオゼキ（スーパー）は生唐辛子も売っているよ。特別な食材や調味料がほしい時も、都内にはベトナム食材店がたくさんあるから困ることはないよ」

ティット・コー（豚角煮）も
ジョー・ルア（ベトナムハム）も手製

ヤンさん（中国・遼寧省出身）

汁気はご飯を食べるためのタレ

「料理は好きなんだけど、普段はお弁当は持って来ないの。中国の大学生はキャンパス内の寮に住むことが多くて、キッチンがついていないから、食事はいつも食堂で食べたりデリバリーを使っていた。だから日本に来ても習慣がなくて。でも行事の時なんかは作ったりするよ。

今日も、食べてほしくて多めに作って来たからぜひ食べて！

なすの肉挟みは私の地域の料理ではないんだけど、好物なの。汁気が多いって？ 日本では汁気が多いおかずはお弁当に入れないみたいだけど、私にとってはご飯をおいしく食べる〝タレ〟のようなものだから、あえて入れたりするよ」

ナスの肉挟みとレタスおひたし
汁気でご飯がまた進む

昼休みになるなり、電子レンジが混みだした。アジア学生たちは、「弁当は温めるもの」と言う。

事前に連絡していたこともあり、たまにしか持参しない人も弁当を持ってきてくれた。故郷を離れて勉学や研究に励む彼らの弁当箱には、家族とのつながりや食の安心感が詰まっているようだった。

一方で、買う派の人も。フランスから短期留学で来ているクレメントさんとマティルドさんの二人は、「日本にいる間にいろんなものを食べたいから」と学食や売店に行く。ヨーロッパに比べると日本の物価は安く、さらに彼らは宗教による食の制約も少ないため、弁当を持参しなければいけない切実な理由が乏しいのだろう。

column 世界で進化する日本のおにぎり

米は主役かクッションか？

日本の弁当の最もシンプルにして完璧な形は、おにぎりだろう。塩むすびなんて、米と塩だけで食事になる。このおにぎり、近年日本の他でも見るようになった。ヨーロッパでは各地でブームのようで、パリ街中のおにぎり専門店は大行列、オランダのスーパーやフィンランドの駅中などふとした所で見かける。寿司やラーメンよりはるかに地味だし味も薄いが、なぜ流行っているんだ？

いろんな人に話を聞いてみると、どうもアニメやYouTubeを通して知った日本通が「画面の中のあれを食べてみたい」と思うのが一因らしい。ひと昔前は「外国人は黒い海苔を嫌がるから寿司は裏巻きで」なんて言われていたが、最近ヨーロッパでよく見るおにぎりは、コンビニの三角おにぎりのような全身海苔スタイル。オランダ在住おにぎり屋の方には「YouTubeで見るコンビニおにぎりが日本のおにぎりのイメージになっている」という話を聞いた。こうして文化は更新されていくのか。

味はというと、たいてい米も具材もがっつり味がついている。具材は照り焼きチキンやアボカドサーモンなど、米はまぜご飯や酢飯。日本人にとってのおにぎりが米を食べるものだとしたら、ヨーロッパで出会うおにぎりは一品料理のようだ。

アジアでもおにぎりに出会う。台湾と韓国のセブンイレブンで三角おにぎりを食べたら、やはりしっかり味がついていた。台湾の雞肉飯《ジーローファン》はまぜご飯の真ん中に具の鶏肉がたっぷり、韓国のプルコギはご飯が真っ赤でまぶしい。いずれの国でも「米自体を味わう感覚はあまりなくて、ご飯はおかずのクッション」という話に納得した。具だくさんは嬉しいが、米粒がつぶれてやわらかく、帰国して日本のセブンイレブンのおにぎりの凛とした粒立ちに息を呑んだ。

世界各地のおにぎりは、食べ応えがありバリエーションも多くて好きだ。だがそれらに出会うにつけ、日本人の米自体のおいしさに対する執着に向き合わされるのだ。

上：フランスのスーパーに並ぶ三角おにぎり各種　下：韓国のプルコギおにぎりを割ると……

日本で作る
世界のお弁当
レシピ

ブータンのお弁当

エマダツィ

材料（2人分）

青唐辛子……60g

たまねぎ……1/4個

プロセスチーズ……60g

塩……適量

植物油……小さじ1

水……50g〜

＊水は50gだと汁気少なめでおかずとして入れられるくらい、100gだとスープに近くなります。どちらもありなので、お好みに合わせて調整

作り方

1 青唐辛子を縦半分に切る。

2 内側の白いワタの部分に辛み成分が多く含まれるので、激辛が好きな方はそのまま、辛さに強くない方は取りのぞいて辛味を調節する。

3 鍋に青唐辛子とたまねぎを入れ、プロセスチーズをのせて、塩、植物油、水も加えて弱火で10分ほど煮る。途中かき回す必要はなく、水が干上がらないようにだけ気をつける。

4 野菜に火が通り、水気が適度に飛んだら完成。

レシピ協力：ガテモタブン（ブータン家庭料理レストラン）

インドのお弁当

サンバル

材料（2人分）

大根（いちょう切り）……100g
ゆでひよこ豆……80g
トマト缶……150g
塩……小さじ1/4
植物油……大さじ1
にんにく（すりおろし）……小さじ1
たまねぎ（みじん切り）……1/4個
マスタードシード……小さじ1
コリアンダーパウダー……小さじ1
クミンパウダー……小さじ1/2
ターメリックパウダー……小さじ1/2
チリペッパー……小さじ1/4
水……200～250ml

作り方

1 フライパンまたは鍋に植物油を入れて温める。十分に温まったら、少し傾けて油を一カ所に集めてマスタードシードを加える。跳ねるので注意。収まったらにんにくを加える。

2 香りが出てきたらたまねぎを加え、透き通るまで炒める。

3 スパイス類をすべて加え、大根、ひよこ豆、トマト缶、塩と水を加えて煮る。

4 大根に火が通るまで、10～15分ほど煮る。

器協力：アジアンハンター

韓国のお弁当
チュオゲトシラク
(思い出のお弁当)

作り方

1 フライパンを弱火にかけ、ちりめんじゃこを3分ほど乾煎りしてからっとさせる。

2 フライパンを一度きれいにし、Aの調味料類をすべて入れて軽く煮詰め、1を加えてからめる。最後に白ごまとごま油を加える。

3 キムチは小さめに切る。中火で炒め、水分を飛ばす。

4 ある程度水分が飛んだら、植物油と砂糖を加えて炒める。

5 卵を溶いて魚肉ソーセージを軽くつけ、油を引いたフライパンで焼く。

6 目玉焼きは多めの油で両硬めの面焼きにする(すぐに食べる場合は半熟でも)。

7 弁当箱の3分の2ほどにご飯を詰め、その横にミョルチポックム、キムチポックム、ピンクソーセージのジョンを詰める。ご飯に目玉焼きをのせる。

食べる時は、大きな具材を切ってから弁当箱を振ってまぜる

材料 (1人分)

*ミョルチポックムとキムチポックムは作りやすい多めの分量

ミョルチポックム(小魚炒め)

ちりめんじゃこ……60g

A 植物油……小さじ1
醤油……小さじ1
砂糖……大さじ1
みりん……大さじ1

白ごま……小さじ1

ごま油……少々(お好みで)

キムチポックム(キムチ炒め)

キムチ……100g
(発酵が進んだ酸っぱいものがより良い)

植物油……小さじ1

砂糖……小さじ1

ピンクソーセージのジョン

魚肉ソーセージ(太め)……数切れ

卵……1個

植物油……適量

目玉焼き

卵……1個

植物油……適量

ご飯……適量

フィンランドのお弁当
カラクッコ

材料（約20センチ／1個分）

A｜ライ麦粉……150g
　強力粉……75g
　塩……小さじ1
　溶かしバター……25g

水……130〜150ml

魚……250g

豚バラ肉薄切り……150g

バター（塗る用）……10g

＊魚は、小ぶりで淡白な白身魚（わかさぎやオスししゃもなど）があると理想だが、今回は手に入りやすい鮭切身を使用。脂がのっていない紅鮭、塩気は甘塩が向く。

作り方

準備：オーブンを250度に予熱する。魚は軽く塩を振って水分を拭き取っておく。あらかじめ塩がされているものは、1％の塩水に2〜3時間つけて塩抜きをするとよい。

1 ボールにAを合わせる。水はまず8割くらい加えて、こねて硬さを見ながら残りを少しずつ加えていく。ひとまとまりになり、手にぎりぎりくっつかないくらいが理想。

2 麺棒でのばし、中心の厚さが8ミリの楕円形にする。中心より縁の方が薄くなるように。

3 真ん中にライ麦粉（分量外）をまき（魚から出る汁を吸わせるため）、豚肉を敷き、魚を隙間のないように並べて小山を作る。豚肉をかぶせて覆う。

4 生地の端を持ち上げて包み込み、水をつけてなでてなめらかな表面にする。生地が割れやすいので注意。余分な生地はちぎり、補修用にとっておく。

5 上面にライ麦粉（分量外）を振り、250度のオーブンで45分焼く。

6 表面が硬くなり薄く焦げ色がついたら、取り出して全体にバターを塗る。破れて中の汁があふれた箇所があれば、生地を貼り付けて補修する。

7 全体をアルミホイルで包み、150度のオーブンで1時間焼く。

8 オーブンから取り出し、アルミホイルを開き表面が硬く焼けていることを確認したら、アルミホイルの上からふきんなどで包んで1時間以上おき、しっとりさせる。生地が破れて汁気があふれ出していたら、キッチンペーパーなどで吸えるだけ吸ってオーブンで10分ずつ焼き足し、余分な水分を飛ばす。

食べ方は2通り。上面をナイフでくり抜いて中身をすくっては穴を広げながら食べる「アウトドアスタイル」と1センチほどにスライスする「家スタイル」

ポーランドのソトごはん

ピエチョンキ

材料（直径18センチの鍋1個分）

じゃがいも……2～3個（300g）

ビーツ……1個（100g）
＊生がなければ水煮缶を使用

にんじん……1本（100g）

たまねぎ……1個（200g）

キャベツ……3～4枚

ベーコン（燻製）……100g

ソーセージ（燻製）……150g

ラード……適量（なければ植物油）

マジョラム……大さじ1

塩……小さじ1

胡椒……適量

＊ベーコンとソーセージの質が味の要なので、ピンク色のものではなく、燻製された肉らしいものを。鍋はストーブなどオーブンに入れられる鋳物鍋を用意、なければ耐熱皿で。

作り方

準備：オーブンを180度に予熱する

1 じゃがいも、ビーツ、にんじんは皮をむいて厚さ8ミリくらいにスライスしておく。たまねぎは薄めのくし切り。

2 鍋の内側にラードを塗り、キャベツを沿わせるように敷く。

3 ベーコンを底に敷き、層を作っていく。じゃがいもを並べ、塩・胡椒・マジョラムを振る。次にビーツ、にんじん、ソーセージ、たまねぎ、ベーコンと重ね、その都度適宜塩・胡椒・マジョラムを振る。野菜の量は鍋に合わせて調節し、ぎゅうぎゅうに詰める。

4 最後にキャベツをかぶせて覆い、鍋の蓋をして、180度のオーブンで1時間加熱する。取り出して野菜がまだ硬かったらさらに15分ずつ追加。

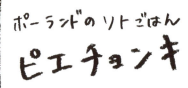

おわりに

世界のお弁当の旅は、お腹いっぱいになっていただけただろうか。あるいは、各地で力いっぱい仕事をする人々の生活に触れて、うんと疲れただろうか。

日本の弁当（Bento）は、今や英語でそのまま使われる単語となり、世界に注目される文化となったが、こんなにも日本社会の文脈をまとったものであるとは、考えたこともなかった。

食事は一日三回食べるという文化的前提。モンゴルの草原で暮らす家族や、パプアニューギニアの村の家族のように、一日二食だったら昼に大したものはいらないから、チーズだけ、バナナだけでも十分。主食におかずに色々バランスよく詰めた弁当を作ろうという発想は生まれないだろう。

冷めても劣化しにくいタイプの米を食しているという主食の前提。練り粥やインディカ米が日本の主食だったら、ここまで「冷めてもおいしいおかず」や「汁気が出ない工夫」を磨くことはなく、弁当おかずというジャンルの料理が発展することもなかっただろう。たとえパサパサの主食を受け入れて食べていたとしても、食産業が発展する中で、出先で調達するという選択肢に簡単にとって変わられたに違いない。

そして、マイナス30度で弁当が凍ったり、暑すぎて昼までに食べ物が傷む環境ではないという気候的前提。近年暑さはあやしくなってきているが、少なくとも食べ物が食べられる状態で保たれるという環境でなければ、弁当は持って出かけられない。煮干しでも携帯していただろうか。

世界の弁当を訪れる旅は、日本の弁当を見直す機会となり、自分が当たり前に思っていた数々の前提に気付かされることとなった。そしてまた、それらによって自らハードルを上げていたのだということにも。

本書を書き終えた今、私はオランダに住み、チーズサンドの「弁当」を毎日作って持参する生活を送っている。今後の人生で弁当を作る機会などないと確信していたのに、たった数カ月でこんなに弁当との関係が変わるのだから、人生わからないものだ。

この変化は、引っ越したという環境要因だけでなく、本書を通して「弁当」を作る世界の人たちから教えてもらったことの影響が大きい。弁当とは、蓋を開ける楽しみがあって、いろんなものがちょっとずつ入っていて、懐かしい温かい記憶と結びついたものでなくてよいのだ。一品だけ、凍らないだけで、十分なのだ。そして、弁当は各地の文化的前提や社会背景を大いに映す「箱」であり、好奇心を刺激されてやまないということも付け加えておきたい。


この本が形になるまでに、多くの方々にお世話になった。限られた紙面ですべての方々の名前を挙げることはできないが、私の滞在を受け入れてくれた世界各地の家族たちには、格別の感謝を伝えたい。日々の生活や料理を一緒にさせてくれるだけでなく、「ねぇ、弁当って……」という質問に困った顔をしながらも、一緒に考えてくれたり。そんな一つ一つの家族と、彼らに繋いでくださった友人知人たちがいなければ、ここまで来ることはできなかっただろう。

本書が、各地の生活を支える弁当のように、明日一日を生きるあなた

の力となることを願っています。

世界の台所探検家　岡根谷実里

主要参考文献

● カラクッコ（フィンランド）

Forest Sector Market Statement for Finland 2023（2023）"Natural Resources Institute Finland" https://unece.org/sites/default/files/2023-11/Market%20statement%20Finland%202023.pdf.（2025-01-19 最終アクセス）

"Women's Employment Rate Outpaces Men's in Historic First"（2023-07-04）. Yle. https://yle.fi/a/74-20039575.（2025-01-19最終アクセス）

● エマダツィ（ブータン）

今枝由郎（2013）『ブータン 変貌するヒマラヤの仏教王国（新装増補版）』大東出版社.

● チーズサンド（オランダ）

"Cheese the Number 1 Sandwich Topping"（2016-07-16）. Nieuwe Oogst. https://www.nieuweoogst.nl/nieuws/2016/07/16/kaas-de-nummer-1-broodbeleg.（2025-01-19 最終アクセス）

● トナカイの干し肉（ノルウェー）

植村直己（1986）『植村直己の冒険学校』文藝春秋.

● シェアスタイル（トンガ）

Prevalence of Adult Overweight & Obesity（%）（2025-01-02 最終更新）. Global Obesity Observatory. https://data.worldobesity.org/tables/prevalence-of-adult-overweight-obesity-2/（2025-01-19 最終アクセス）

● ダッバー（インド）

"Scheduled Tribes Profile". Ministry of Tribal Affairs, Government of India. https://tribal.nic.in/Statistics.aspx.（2025-01-19 最終アクセス）

● ディジョスタイル（ボツワナ）

Stats Update January-June 2022（2022-08）. Statistics Botswana. https://www.statsbots.org.bw/sites/default/files/publications/Stats%20Update%20June%202022.pdf.（2025-01-19 最終アクセス）

● お隣の国のお弁当事情 台湾編

Chou, A.（2025-09-15）台灣人外食習慣問卷調查. 博思市場調查. https://www.pollread.com/台灣人外食習慣問卷調查/（2025-01-17 最終アクセス）

陳柔縉（2014）『日本統治時代の台湾：写真とエピソードで綴る 1895～1945（天野健太郎 訳）』PHP研究所.

● お隣の国のお弁当事情 韓国編

坂本千科絵，李温九（2014）. 日本と韓国における学校給食制度と献立内容の比較研究. 京都文教短期大学研究紀要, 52, 141-146.

朴根好（2015）『韓国経済発展論：高度成長の見えざる手』御茶の水書房.

藤澤宏樹（2017）. 韓国における無償給食の現状と課題. 大阪経大論集, 67（5）, 79-92.

● Column 単なる「弁当代わり」にあらず 世界あちこち給食模様

Jennifer E. Gaddis（2020-09-21）."The Big Business of School Meals". KAPPAN. https://kappanonline.org/big-business-school-meals-food-service-gaddis/.（2025-01-19 最終アクセス）

"School Meals: The Finnish Model. Education Finland". https://www.educationfinland.fi/school-meals/finnish-model.（2025-01-19 最終アクセス）

岡根谷実里（おかねや・みさと）

世界の台所探検家。東京大学大学院工学系研究科修士修了後、クックパッド株式会社に勤務し、独立。世界各地の家庭の台所を訪れて一緒に料理をし、料理を通して見える暮らしや社会の様子を発信している。30以上の国と地域、170以上の家庭を訪問。講演・執筆・研究などを行う。京都芸術大学客員講師、立命館大学BKC社系研究機構客員協力研究員、大阪大学感染症総合教育研究拠点（CiDER）連携研究員。著書に『世界の食卓から社会が見える』（大和書房）、『世界ひと皿紀行 料理が映す24の物語』（山と溪谷社）など。

世界のお弁当とソトごはん

2025年4月17日　第1刷発行
2025年6月10日　第2刷発行

発行人　塩見正孝

発行所　株式会社 三才ブックス
〒101-0041　東京都千代田区神田須田町2-6-5 OS'85ビル
TEL：03-3255-7995（代表）　FAX03-5298-3520

著者　岡根谷実里

編集　岩間由起／村上詩織／今田 洋／今田 壮（風来堂）

制作協力　大橋節子／張 雅筑（ファイネックス）

編集人　及川忠宏

印刷・製本　TOPPANクロレ株式会社

ISBN 978-4-86673-447-7

【問】info@sansaibooks.co.jp